大数据时代大学生生涯发展与创新创业

BIG DATA

王鹏　黄春霞　王敬政・主编

知识产权出版社
全国百佳图书出版单位
—北京—

图书在版编目（CIP）数据

大数据时代大学生生涯发展与创新创业 / 王鹏，黄春霞，王敬政主编 .— 北京：知识产权出版社，2023.5

ISBN 978-7-5130-8722-3

Ⅰ.①大… Ⅱ.①王… ②黄… ③王… Ⅲ.①大学生—职业选择 Ⅳ.① G647.38

中国国家版本馆 CIP 数据核字（2023）第 059297 号

内容提要

大数据时代背景下，大学生的生涯发展与创新创业方向发生了较大改变。首先，本书聚焦大数据时代职场的变革，从大数据时代的特征和对职场的冲击两个角度剖析大学生生涯发展面临的机遇与挑战；其次，从大数据时代背景下大学生生涯发展和创新创业评价的角度，引领大学生在自我认知、专业发展和职业决策等方面进行测量与评估；最后，从学科划分角度出发，挖掘不同专业人士在大数据时代背景下的创新创业案例，以期为大学生的生涯发展提供借鉴。

本书适合大学生与创业青年阅读。

责任编辑：李 婧　　　　**责任印制**：孙婷婷

大数据时代大学生生涯发展与创新创业

DASHUJU SHIDAI DAXUESHENG SHENGYA FAZHAN YU CHUANGXIN CHUANGYE

王 鹏　黄春霞　王敬政　主编

出版发行：	知识产权出版社有限责任公司	网　　址：	http：//www.ipph.cn
电　　话：	010-82004826		http：//www.laichushu.com
社　　址：	北京市海淀区气象路50号院	邮　　编：	100081
责编电话：	010-82000860转8594	责编邮箱：	laichushu@cnipr.com
发行电话：	010-82000860转8101	发行传真：	010-82000893
印　　刷：	北京中献拓方科技发展有限公司	经　　销：	新华书店、各大网上书店及相关专业书店
开　　本：	720mm × 1000mm　1/16	印　　张：	14
版　　次：	2023年5月第1版	印　　次：	2023年5月第1次印刷
字　　数：	220千字	定　　价：	78.00元

ISBN 978-7-5130-8722-3

编 委 会

前　言

随着经济和科技领域的快速发展，大数据作为资产、生产资料，广泛应用于传统行业，改变了人们的生活。大学生作为推动社会进步的主要人群，社会新技术、新思想的前沿群体，年轻有活力，是开拓与创新的主力军。因此，我们从这样一个基本问题开始：大数据时代大学生生涯发展与创新创业受什么因素的影响？

我们将在理论基础、学术科研成果和社会实践之间寻找平衡点，并增加大量大数据时代背景下大学生生涯发展及创新创业竞赛的实例。本书强调大数据时代为大学生的创新创业与生涯发展提供的机遇和挑战。首先，本书提供了大学生生涯发展与创新创业能力的评价，帮助大学生直面大数据时代的机遇和挑战，实现良好健康的生涯发展及切实提高创新创业的素养和能力。更重要的是，为促进大学生在大数据时代背景下进行生涯发展与创新创业的思考，本书提供了大数据时代大学生专业发展融合创新创业的典型案例，具体包括了教育部《普通高等学校本科专业目录（2020 年版）》发布的所有九大学科门类：经济学、文学、历史学、理学、工学、农学、医学、管理学、艺术学。

本书受到山东师范大学规划教材建设出版资助；是山东师范大学 2020 年度“专创融合”特色示范课程建设项目（项目编号：SDNU2020ZCRH005）、山东师范大学 2021 年度“专创融合”特色示范课程建设项目（项目编号：SDNU2021ZCRH025）和山东师范大学教学改革研究项目（项目编号：2021BJ094）的重要成果；是本书编委会成员通力合作的结晶。满宝元副校长、贾斐副处长拨冗作为本书的总顾问，对书稿的撰写从宏观政策方面把脉。王鹏、黄春霞、王敬政三位主编，各章具体分工如下：第一章由明玉、张梦楠、王鹏撰写；第二章由邢秋连、马冲、黄春霞撰写；第三章由房敏、赵凯、张利会撰写；第四章由吴晓杰、刘昊天、王敬政撰写；第五章由程新宇、李雯泫、刘海江撰写；第六章由袁熙庆、王笑、姜春燕撰写；第七章由李甜甜、田梅撰写；第八章由刘静文、尹玉鑫、刘润宁、孙宇撰写；第九章由石慧敏、司英栋、张倩倩、杨舒其撰写；第十章由张婧秋、刘晓芳撰写；第十一章由王睿童、李智撰写；第十二章由靖吉浩、王莹撰写；第十三章由王嘉惠、孟维璇撰写；第十四章由曲高源、王笑、刘学柱撰写；第十五章由王依珂、辛建君、朱干成撰写。我们在交流合作中也受益良多，但我们并不会就此止步。

目　录

第一编　大数据时代的变革

信息飞速发展的时代背景下，新一轮的科技革命和变革在高速推进。技术创新作为驱动力，在提升经济增长速度和重塑经济发展模式中的地位愈加重要，而大数据在其中起到最核心的作用。

第一章　大数据时代

第一节　大数据与大数据时代

不同的机构或学者对于大数据的理解是不尽相同的，很难得出一个十分定型的概念。目前来看，大数据的计量单位不只停留在 TB，而是发展到 PB、EB、ZB、YB 和最高级 BB。

全球知名咨询公司麦肯锡是相对较早提出“大数据”这一概念的机构，他们对大数据的定义为：一种规模大到在获取、存储、管理、分析方面大大超出了传统数据库软件工具能力范围的数据集合，具有海量的数据规模、快速的数据流转、多样的数据类型以及价值密度低四大特征。

国外知名研究机构加特纳（Gartner）提出的大数据概念是：“大数据”是需要新处理模式才能具有更强的决策力、洞察发现力和流转优化能力来适应海量、高增长率和多样化的信息资产。

如果从技术方面入手解释大数据，其所要做到的并不是掌握巨大的数量，而是要用专业的手段来处理这大量的有意义的数据。换句话说，若我们将大数据看作一个产业的话，想要赢得利润，最需要做的就是提高自己对这些数据的加工处理能力，以此得到数据的“增值”。

现在大家普遍认为大数据的特征主要包括容量（Volume）、多样（Variety）、高速（Velocity）和价值（Value），其对应英文首字母均为 V，一般人们称之为 4V。大数据典型特征如图 1-1 所示。

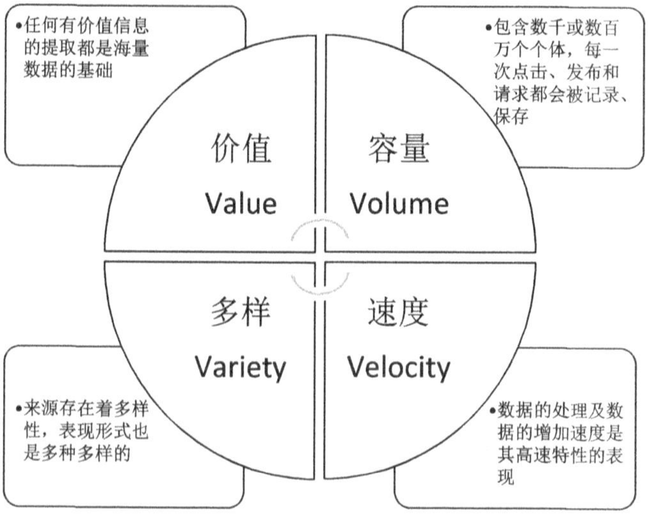

图 1-1　大数据典型特征

一、容量

大数据与传统数据的区别在于其相对容量。大数据通常包含数千或数百万个个体，每个个体都有数百或数千个测量值，是在线用户交互的全面记录，每一次点击、发布和请求都会被记录和保存。与用户交互并成为其生活一部分的人，往往也牵涉这些数据。这种间接联系使得非用户的生活可以被捕捉到。因此，大数据可以提供捕捉大量个人及其与他人互动的社会视图。

二、多样

多样性是指数据可以采用形式的数量多。大数据来源存在着多样性，所以其表现形式也是多种多样的。用户生成的数据跨越了各种格式——文本、照片、评分等。

网页可以强调任何数据格式的组合，这取决于所提供的服务类型。此外，每种格式中都有不同的内容，这些内容可以与其他格式提供的内容重叠。文本可以包括地点、年龄和当前的想法；照片可以显示地点、年龄、兴趣和感情；单击可以表示位置（通过 IP 地址）、同意、不同意和兴趣。用户可以通过表情符号、对页面的喜爱、个人资料信息和口头背书明确表示这些变量，还可以通过他们的照片或订阅号更巧妙地提供这些信息。

三、速度

在大数据背景下，对数据的处理及数据增加的速度都是其高速特性的表现。速度表示随着时间的推移数据收集和传输的速度，成千上万的不同个体在同一个体之间创造了新的大数据实例。

一些速度特别快的数据示例是推特上的消息，其中服务器每秒大约交换 8000 条消息，照片墙（Instagram）上每秒有 900 张新照片。在用户内部，也能看到高频率的数据。

四、价值

在大数据所有特征中，最重要的就是它的价值。大数据的价值密度高低与其数量的大小是反比例的关系。也就是说，随着数据量的增大，其价值密度也在逐渐提高。任何有价值信息的提取依托的都是海量的基础数据。目前，大数据背景下有个未解决的问题，那就是如何通过强大的机器算法更迅速地在海量数据中完成价值提纯。

麦肯锡全球研究院（MGI）于 2011 年 6 月发布了题为《大数据：下一个创新、竞争和生产力的前沿》的研究报告，最早提出“大数据时代已经到来”，并从经济角度引发全球对大数据的关注。2013 年 1 月维克托·迈尔·舍恩伯格，肯尼斯·库克耶在《大数据时代》一书中提到：“这仅仅只是一个开始，大数据时代对我们的生活，以及与世界交流的方式都提出了挑战。”随后几年世界各国陆续把进入大数据时代提升到国家战略高度，不仅引发了本国诸多领域的变革，而且带来了人们生活方式的改变。当前大数据时代已把人们拉进了一个网络包容万物、计算无处不在、连接随手可及、智慧点亮希望的数据化时代，人们的一举一动、一言一行都被快速运转的数据"云"所记录。人们被动地接受大数据数据规模之巨大、数据种类之繁多、数据价值之丰富，同时通过手机、笔记本电脑、平板电脑等智能终端设备主动驾驭大数据技术，利用大数据技术实现对数据的挖掘、分析、处理、应用，从而使数据创造价值，并开启了以大数据为基础的技术应用、管理、研究的人类社会发展新时期。当大数据深刻影响到人类生活、社会结构的时候，它就不仅是科学技术本身，而且是一个时代的重要标志。

与之前的时代相比，大数据时代有很多新特点。

一是数据化，也就是一切皆可量化。未来将会是一个量化一切的世界，这也就意味着大数据时代我们的生活将会趋于智能化、数据化，用数据分析并对事物进行量化处理将会给人类未来的社会生活带来更多便利。也许还会出现一种自我量化，即对自己身体的每一个部位，每一次神经反应都能够进行精准测量，也就是说大数据让量化一切事物成为一种可能。

二是数据更加个人化。大数据时代的数据被赋予了强烈的个人色彩，大数据的数据有很大一部分来源于网民每日上网浏览所留下的信息，例如日志、照片、地理位置、交易记录等。如今的信息追踪和数据处理技术可以轻松地记录、保留这些数据，通过计算处理便可以获得用户的基本数据资料，在无数个数据信息的相互关联下就可以绘制出针对每个个体的数据资料库。所以说这些看似没有生命的数据实际上拥有鲜明的个人主义色彩。而个人的数据信息是具有极高的利用价值的，它可以应用到医疗、交通、传媒、银行等各行各业中，为人们的日常生活带来便利，也能更好地帮助企业进行自动化运营与管理。

三是决策理性精准化。数据的个性化为社会各行各业提供了精准的数据信息，促进了行业决策的精准性。首先，在大数据时代我们不需要依赖随机采样，便可以分析相关现象的所有数据。其次，一切事物的数据化与量化使人们可以直接在宏观层面把握事物的精确度，数据分析处理技术会替我们自动追寻因果关系。这样既降低了数据统计分析的烦琐程度，也为企业运营决策制定提供了理性参考。

第二节 大数据的价值

如今，一个大规模生产、分享和应用数据的时代正在开启。正如《大数据时代》作者——维克托教授所说："大数据的真实价值就像漂浮在海洋中的冰山，第一眼只能看到冰山的一角，绝大部分都隐藏在表面之下！"

大数据可以有哪些价值呢？第一，大数据作为资产、生产资料深入应用于传统行业，可以大大提高传统行业的运行效率，提升其竞争力，实现快速发展；第二，大数据本身就可以形成一个产业，因为大数据价值转变的过程中需要经过数据采集、数据整合、数据处理、数据挖掘、数据可视化、数据解读等多个环节，这些环节在软件与服务方面还存在不少机会，但硬件生产和数据中心要非常慎重；第三，大数据和某个行业深度结合，产生新的业态。通过大数据的创新方式来解决行业突出问题，创建新的产业群，实现"中国制造到中国创造"的改变，意义重大。

一、农业

（一）"相思葡萄"用数据提升品质

应用背景：广西南宁相思葡萄农业科技有限公司（以下简称"相思葡萄"），成立于2011年，目前拥有自建葡萄园五处——南宁、武鸣、柳州、海南、桂林，占地面积共500多亩，引进国内外优良鲜食葡萄品种十多个。"相思葡萄"以"技术至上"为理念，并且于2013年正式在各大园区投入使用慧云"智能农业监控系统"，充分利用"物联网、云计算、移动互联网"等技术升级传统葡萄种植技术，保证葡萄的品质。

数据源：

①气象数据：空气温度、空气相对湿度、光照时长、光照度、降水量、风速、风向、二氧化碳浓度；②土壤数据：土壤温度、土壤含水率、土壤 pH、土壤 EC 值；③设备状态：水泵压力、水肥流量、设备运行记录。

实现路径：各葡萄园区都采用“智能农业监控系统”。通过传感器对园区数据进行高精准实时采集。数据采集上传之后，在云平台中进行分析，自动生成各种报表。技术人员可便捷参考各项数据，为葡萄种植管理做精准快速的决策打好基础。

应用效果：

随时随地管理，降低管理成本。通过使用“智能种植监控系统”，技术人员只需要通过手机或者计算机登录智能种植监控系统，就能轻松地对分散在各地的五个园区进行管理，大大降低了因地域分散造成的管理成本。自动化远程控制，降低人力成本。当有异常情况出现时，系统会发送警报至管理员手机，并自动启动设备开关实现远程控制，管理员立即可以实现对现场设备的控制。这不仅保证了葡萄良好的种植环境，同时为“相思葡萄”节约了 30% 的人力成本。精细标准种植，降低水肥成本。根据种植的标准流程及实时采集的各种环境数据，“相思葡萄”严格控制了水肥的使用量，有效节约了 30% 的水肥成本。

（二）大数据打造“渤海粮仓”

应用背景：

由于环渤海低平原 4000 万亩中低产田和 1000 万亩盐碱荒地的土壤肥力、土壤盐分、pH、地下水位及矿化度等影响作物生长的关键因子构成复杂，时空变幅大，传统数据采集分析技术难以准确把握其变化规律，为了满足“渤海粮仓”科技示范工程的需要，项目借助了大数据和互联网技术，构建了“渤海粮仓农业大数据平台”。

数据源：

①土壤信息：土壤 pH、土壤水盐、土坡有机质等数据；②苗情数据：苗情长势、苗情质量等数据；③气象数据：降水量、温度、风速等数据。

渤海粮仓农业大数据平台框架如图 1–2 所示。

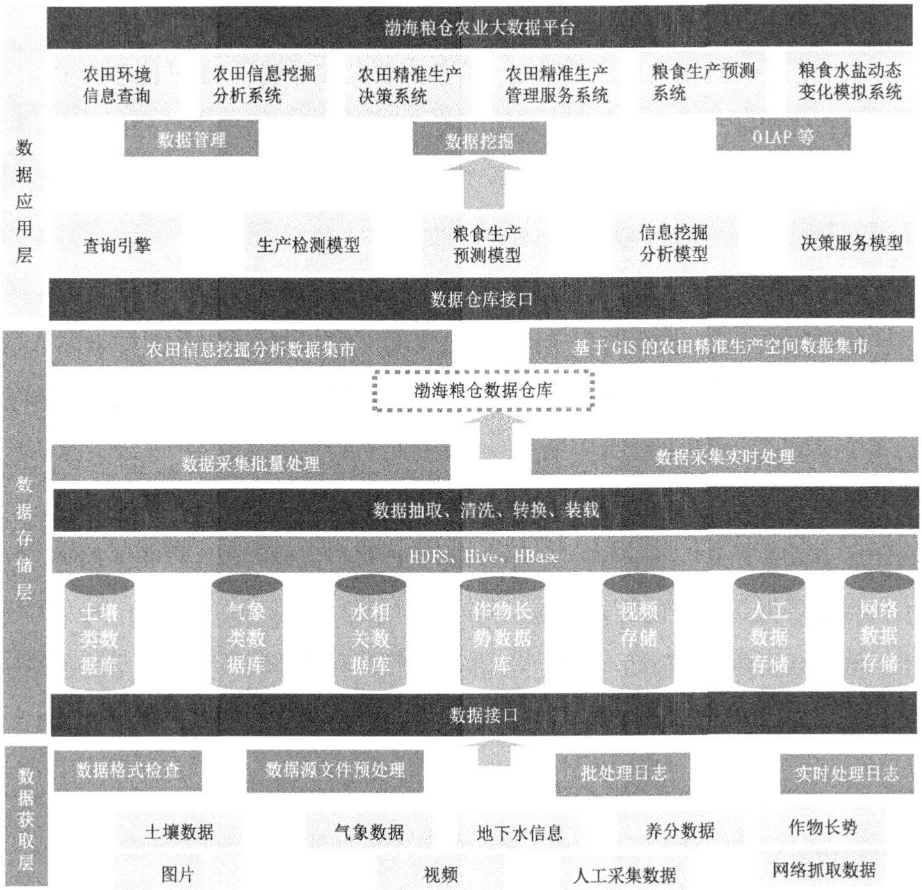

图 1–2　渤海粮仓农业大数据平台框架

渤海粮仓农业大数据系统实现路径如图 1–3 所示。

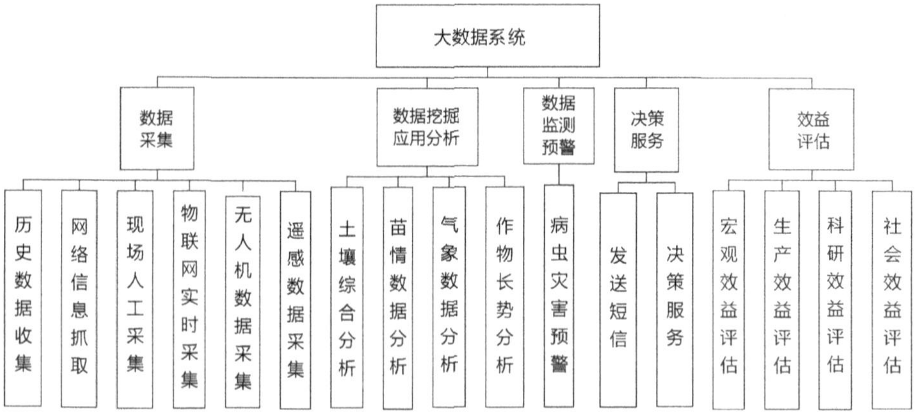

图 1–3　渤海粮仓农业大数据系统实现路径

实现路径：渤海粮仓农业大数据系统整体构成分为数据采集、数据挖掘分析应用、数据监测预警、决策服务和效益评估五个模块。数据采集模块是搭建平台的基础层，分为“历史数据收集、网络信息抓取、现场人工采集、物联网实时采集、无人机数据采集、遥感数据采集”6 种方式。数据挖掘分析应用模块从土壤、苗情、气象、作物长势等方面动态呈现处理分析结果。数据监测预警模块通过实时采集和数据挖掘分析，将预警信息实时发送给政府、企业及农户，为提前预防和科学处置农业生产中的病虫灾害提供警示信息。决策服务模块通过对历史和实时数据进行综合分析，为政府、企业、农户生产管理和决策提供科学依据。效益评估模块对项目进行全面系统的回顾和总结，找出差异，分析原因，得出经验教训，提出改进建议，反馈决策者。

应用效果：助力粮食丰收，确保粮食安全。通过渤海粮仓农业大数据平台，“渤海粮仓”科技示范工程将实现粮食单产每亩提高 100 ~ 150 公斤，形成粮、棉栽培技术体系 5 ~ 7 套，在环渤海地区山东的 30 个县（市、区）推广应用 1500 万亩粮田、棉田改粮田 100 万亩、整治盐碱地 20 万亩、粮食增产 30 亿斤。改善土壤环境，预测自然灾害。通过对环渤海地区的土壤信息进行监测分析，最终总结出对这些地区土壤的改良意见；并且对我国北方麦区小麦生产中主要的气象灾害干热风进行预警，预警信息可通过平台实时传播到管理部门及生产管理人员，可对灾害做出即时性反应。

二、工业

（一）谷歌无人驾驶汽车，解放双手，轻松出行

应用背景：安全要素是推动无人驾驶汽车发展的重要动力，在不同事故造成的致死率排名中，由人为因素造成的车辆碰撞引发的交通事故高居第 2 位。除了生命安全外，汽车碰撞事故对经济产生的影响深远而巨大。据不完全统计，2012 年美国全年因道路碰撞事故造成的经济损失高达 2120 亿美元。以当年为例，无人驾驶汽车及 ADAS 系统能够将事故发生率降低 90%，即可挽回损失约 1900 亿美元。同时解放驾驶员双手，在提升泊车效率、改善交通环境等各方面都在推动着无人驾驶技术的发展。

数据源：实景地图数据；无人驾驶汽车捕捉到的物体信号数据，如行人、汽车、红绿灯、施工标识等；汽车行驶状况数据。

实现路径：通过对各种数据的综合分析决策，实现对驾驶员的行驶行为辅助或者无人驾驶功能。

应用效果：减少人为因素造成的车辆碰撞事故，行车过程中驾驶员疲劳、注意力不集中、情绪波动等都会造成不同程度的行车安全隐患，危害生命财产安全，无人驾驶技术可以有效避免这方面的影响；提升行车过程自由和舒适度：把驾驶汽车的时间应用到休息、学习或者处理公务方面，实现行车过程中完全的时间自由化；提高停车效率，大大减少新手停车过程中造成的磕碰、情绪波动及时间浪费等现象。

（二）宝马降低零件报废率

应用背景：德国宝马公司应用大数据分析，曾经在短短 12 周时间内降低 80% 的零件报废率。一台汽车需要的零件有很多种，其中一个是引擎上盖，以前宝马要等到最终引擎组装阶段，将引擎上盖组装完成后才知道这个零件能否使用，如果不能使用就只好将整个引擎报废。

数据源：引擎生产线监测数据、零件使用情况等信息。

应用效果：导入国际商业机器公司（International Business Machines Corporation，IBM）大数据分析与优化（Manufacturing Analytic&Optimization，MAO）解决方案后，在引擎生产线上就可以做即时的监测与分析，如果监测没有问题，就直接进入最后的组装程序，但是如果零件品质不好且无法修补则直接报废，或者零件品质不好但能经过其他方式修补，修补后再度进行品管测试，借此提高生产效率、降低报废率。

三、交通运输业

（一）“农夫”玩转交通数据，实现资源合理配置

应用背景：将自己定位成“大自然搬运工”的农夫山泉，在全国有十多个水源地。农夫山泉把水灌装、配送、上架，一瓶超市售价 2 元的 550 毫升饮用水，其中 3 毛钱花在了运输上。如何根据不同的变量因素来控制自己的物流成本，成为节省成本问题的核心。在没有数据实时支撑时，农夫山泉在物流领域花了很多冤枉钱。比如某个小品相的产品（350 毫升饮用水），在某个城市的销量预测不到位时，公司以往的做法是通过大区间的调运来弥补终端货源的不足。“华北往华南运，运到半道的时候，发现华东实际有富余，从华东调运更便宜。但很快发现对华南的预测有偏差，华北短缺更为严重，华东开始往华北运。此时如果太湖突发一次污染事件，很可能华东又出现短缺。”

数据源：

交通物流大数据：高速公路的收费、道路等级、天气、配送中心辐射半径、不同渠道的费用。销售数据：季节性变化、不同市场的售价。其他数据：各地的人力成本甚至突发性的需求（比如某城市召开一次大型运动会）。

实现路径：通过对交通物流、产品供需、销售情况等相关数据进行分析，使各条线路的运输成本、物流中心设置最佳地点等信息及时呈现，最终实现产品运输决策的智能化、物流成本的精准化、运输资源的配置合理化。

应用效果：数据实时更新，运用大数据技术，销售、市场费用、物流、生

产、财务等数据的计算速度，从过去的 24 小时缩短到了 0.67 秒，几乎做到实时计算；有了强大的数据分析能力做支持，近年农夫山泉的销售额保持较高增长率。市场份额加大，在饮用水领域，农夫山泉的市场份额快速超越了原先的“三甲”，即娃哈哈、乐百氏和可口可乐。

（二）山东省济南市智慧公交系统

应用背景：济南市每隔几年都要进行一次出行调查，为城市公共交通的规划和优化做准备。以往调查都是人工“抽样调查”，需要耗费大量的人力和物力，而且样本数量有限。公交线路的开辟和优化，更多凭借经验和市民意见，缺乏科学的数据作为指导。

数据源：个人移动轨迹数据，包括人口分布、客流分布、客流走廊分布等数据。

实现路径：通过手机大数据掌握城市居民的出行特征与规律，了解居民的交通需求，从而可以针对性地补充交通工具，解决城市居民的出行需求供给矛盾，进而带给市民最优的出行体验。

应用效果：交通状况改善，以大数据计算结果为依据，公交线网规划将更合理，等公交时间变短。大数据模型预测的周转时间正确率达到 95%，因此，即使堵车严重，市民的等车时间也将会缩短。

四、教育

（一）利用大数据技术，提高教育督导科学化水平

应用背景：随着移动互联网、物联网等新技术的蓬勃发展，大数据时代的信息风暴开始席卷各个行业领域，深刻影响着人们的思维、生活和工作方式。党的十八届三中全会以来，按照深入推进管办评分离、强化国家教育督导的要求，教育督导作为教育“管办评”中“评”的重要地位不断得到确认和巩固。结合大数据背景下的新形势，充分利用大数据技术提高教育督导科学化水平，

推动建立科学规范的教育治理体系，形成高水平的教育治理能力已经成为当前教育工作的重要任务。

数据源：

（1）学校教育数据：在校学生数据（包括学生出勤率、人口学特征、考试成绩、选课日程等数据）、历史学生数据、教职员工、师生比、教学或课程管理数据、教育评价数据；（2）科研数据：各级职称人数、发表论文数量、发表核心期刊数量、论文引用数据、科研经费投入、专利申请数量等；（3）学校资产数据：教室面积、教学场馆、仪器设备、辅助用房面积、图书馆、实验室建设数据等。

应用效果：决策制定更加科学，教育督导可以通过运用大数据技术，对海量数据的快速收集与挖掘、及时研判与共享，积累过去、分析现在、预测未来，实现由数据到知识的转化、由知识到行动的跨越，从而成为支持教育科学决策和准确预判的有力手段；工作开展更加高效，教育督导运用大数据，能够在纷繁复杂的突发事件、热点难点问题中抽丝剥茧，从事件中找到共性和关联，透过现象找到问题的症结，有针对性、有重点地开展督导工作。同时，教育督导各类共享平台、公开系统的建立，打破壁垒，连接孤岛，实现各地各级教育督导信息共享、工作联动；督导手段更加丰富，充分运用大数据思维，对于创新教育督导方式，改变督导手段单一、督导效率低下、对被督导对象造成不必要的负担等现状，有着重要的启发意义；结果运用更加有效，随着教育督导结果公开的常态化，社会公众对各级政府履行教育职责、学校规范办学和提高教育质量等工作的监督也将更为有效。

（二）运用大数据，打造个性化学习评价

应用背景：学习评价是课堂教与学活动中的一个重要环节，是学习系统的反馈调节机制。在一定程度上，学习评价的内容及评价方式影响着教学过程，在学习与教学过程中具有重要作用。长期以来，针对学生的学习评价偏重结果评价，忽略过程评价，偏重群体发展，忽视个体发展。大数据的应用，为学生

过程性评价和个性化评价提供了很好的支持。互联网教育公司通过记录学生的线上学习时间、练习轨迹、答题记录、考试成绩、师生互动信息等为学生制定个性化的学习档案，并根据每一阶段的学习状况作出学习分析，实现学生评价的个性化。

数据源：课程资源数据、学习者特征数据、学习行为分析、作业与考试数据、课外资源数据等。

大数据个性化学习评价如图 1–4 所示。

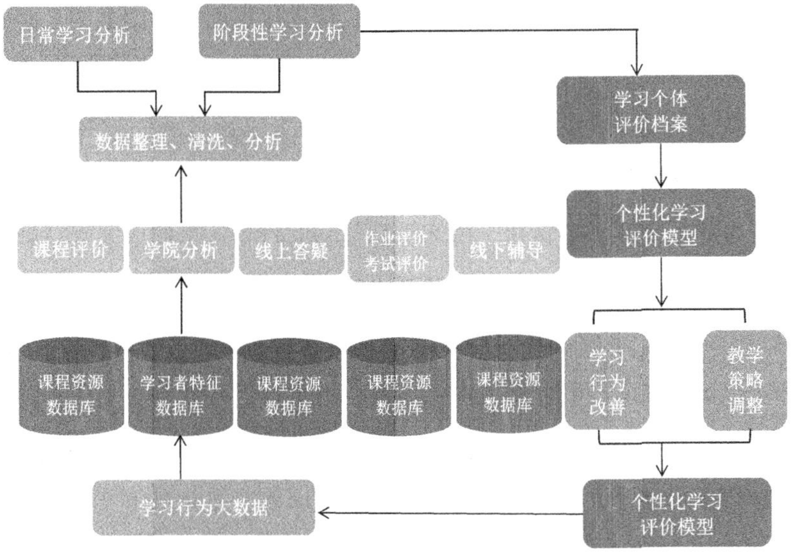

图 1–4　大数据个性化学习评价

应用效果：提升学习成效。借助于个体的学生特征、学生课堂表现和考试作业完成情况等数据信息的关联分析和演变分析，可以从学生学习行为数据库中探究出有价值的数据，找到真正影响学习成效的因素，进而为改善学生的学习成效提供实证支持。实现多元评价。通过对数据库系统中的学生知识点掌握情况、学生的个人和小组作业完成情况、学生在讨论区中的互动交流情况等学习过程信息的记录和分析，不仅可以实现学生发展的过程性评价，还能对学习者进行多元评价，发现学生真正的不足和潜能，促进学生的个体成长。精准推荐学习资源。个性化学习评价中的教育大数据记录了学生的学习行为信息，能够实时跟踪学生的学习轨迹、实时反馈评价。通过对学生学习过程的监控与指导，全方位分析和定义目标人群感兴趣的内容需求，采用不同的线上推荐系统，向学习者提供不同类型的学习资源，实现教育产品的精准营销。

五、医疗

（一）广东省人民医院利用大数据进行决策

应用背景：降低全院平均住院日可以增加收治患者数，但业务科室的工作量增加，来自内部员工的反对声不绝于耳。管理层如何统一全院的思想认识成为迫切的问题，来自信息系统中的数据，以及基于数据的预测分析，破解了这一难题。

数据源：

（1）患者就医数据：诊疗活动、发生费用、电子病历等；（2）医院数据：患者住院数据、各科室管理数据等。

实现路径：第一，对患者入院后每日的诊疗活动和发生费用进行统计，通过逐日的数据比较，合理安排患者诊疗时间；第二，对内科系统和外科系统各专业进行具体分析，发现需做手术的外科受制约的因素主要是术前时间过长，内科受制约的主要因素是检查检验等待时间、停药 / 出院指征的掌握和转科等待时间，对各科的平均住院日进行合理、可行的预测；第三，对大型诊断检查（CT、MR、彩色 B 超等）的申请日期和检查日期进行统计分析，找出影响术前时间过长的原因。数据的作用在于发现了降低平均住院日的原因。

应用效果：提高医疗效率。2003—2006 年，全院平均住院日从 16 天下降到 12 天，居广州市三甲医院前列，年收治患者增加了 68%。提高决策效率。“假出院”“假转科”“收治轻型患者”的现象，如果不加以制止，势必引起科室之间效仿，将影响到医生做出各种决策。信息系统在大数据环境下，及时发现这些现象，并加以处理，从而提高决策效率。

（二）大数据预测早产儿病情

应用背景：安大略理工大学的卡罗琳·麦格雷戈博士和一支研究队伍与IBM一起和很多医院合作，用一个软件来监测处理即时的患者信息，然后把它用于早产儿的病情诊断。

数据源：（1）个人体征数据：心率、呼吸、体温、血压和血氧含量。（2）其他数据：孕妇产检数据、电子病历、遗传数据等。

实现路径：系统会监控16个不同地方的数据，比如心率、呼吸、体温、血压和血氧含量，这些数据可以达到每秒钟1260个数据点之多。在明显感染症状出现之前的24小时内，系统就能监测到早产儿细微的身体变化和发出的感染信号，及早预测控制早产儿的病情，从而提高新生儿的存活率。

应用效果：预测病情。早产儿的稳定不是病情好转的标志，只有在海量的数据中找出隐含的相关性才能提早发现病情，医生才能够提早治疗，也能更早地知道某种疗法是否有效，这一切都有利于早产儿的康复。

除此之外，大数据还有多种应用，此处列举的只是大数据价值的冰山一角。总体而言，大数据是一种宝贵的战略资源，其潜在价值和增长速度正在改变着人类的工作、生活和思维方式。可以想象，在未来，各行各业都会积极拥抱大数据，积极探索数据挖掘和分析的新技术、新方法，从而更好地利用大数据。

第三节　大数据带来的改变

大数据时代的到来，不仅在各种领域起到很重要的作用，而且在人们生活的方方面面也带来了很大的改变。随着大数据的不断发展，我们也越来越能感觉到身处的世界变得更加智能、便捷。

一、体育传媒

（一）NBA 用大数据提升用户体验

体育运动是人们的一种健康娱乐方式，深受人们的喜爱，而人们对体育比赛的热情更是高涨。如今从高尔夫到网球，从篮球到足球，数据分析不仅席卷了体育界，并且在其多个方面均有所利用。职业体育竞技以结果为导向的特点，使得大数据分析在职业体育技能提高方面的应用起步较早，职业体育已经处在大数据分析时代。NBA 用大数据提升用户体验如图 1–5 所示。

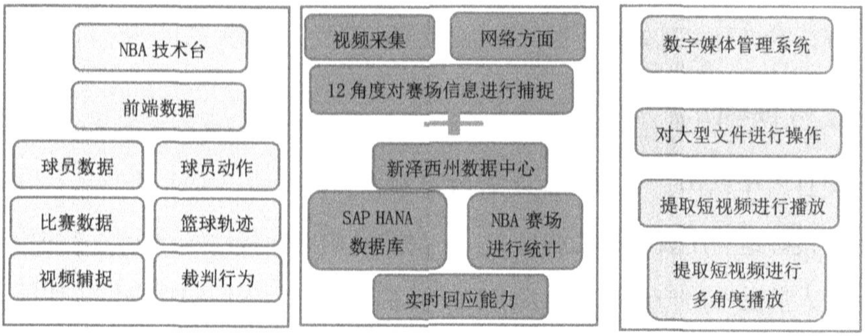

图 1–5　NBA 用大数据提升用户体验

NBA 技术台能够对每个实体进行录像，然后把所有的数据带回去进行实时分析，在整个过程中，SAP HANA 会帮助他们不断地微调算法，帮助分析到底发生了什么。NBA 在过去十年左右的时间就建立了一个非常大的数字媒体管理系统，这里具有使用并观看每一个大型文件的能力，并且可以根据需求提取非常短的视频进行多角度播放。同时还可以快速提供各种数据对比，以使用户最快地了解赛场信息。具体来说，就是大数据分析提升了 NBA 的用户体验。

二、金融与消费

（一）余额宝通过大数据规避风险

互联网金融行业蓬勃发展，但是快速发展的同时也存在着隐患，互联网金融有两大风险：一个是流动性风险，另一个是期限错配。其实，传统金融企业花费了上百年的时间不断地优化调配，也是为了规避这两大风险。传统金融企业正在转型，从资产持有转向资产管理，银行负债短期化和资产的长期化趋势越来越明显，期限错配越来越严重。阿里巴巴旗下的余额宝同样面临这两大风险。但是，余额宝在规模急剧膨胀的同时，通过大数据手段很好地规避了风险。

余额宝的整个客户风险预警体系由两个主要部分组成：网络信息获取平台，利用网络爬虫技术从外网、内网获取关注客户的海量数据信息；客户风险预警系统，基于淘宝大数据和行内大量业务系统提供的源数据，利用大数据分析挖掘技术进行信息处理，形成和推送预警信号、开展关联传导分析。

（二）网络购物

在日常生活中，在实体店中有时很难找到符合自己要求的商品。但网店店主会很好地利用大数据的洞察力，针对商品的不同特性发送个性化的购买建议，让人们足不出户就可以挑选自己心仪的商品，为人们购物提供了便捷。除此之外，信用卡的安全也得到了很好保护。大数据也能及时地发现欺诈行为，并迅速地对用户信息进行保护。更重要的是，大数据技术能够使供应链完整、清晰地让人们看到，例如产品的原产地是哪里、原料是什么等。

三、公共管理

（一）运用大数据打击电信诈骗

近年来电话诈骗、网络诈骗等案件频发、花样翻新，受害人往往汇完钱后才恍然大悟。由于银行往往是挽救受骗者的最后一道防线，因此，银行事先对账户进行防欺诈风险审核成为一道重要的安全屏障。

应用大数据收集和整理各行业、机构的黑名单信息，通过多样化的机器学习模型及大数据关联分析等技术，为企业、个人提供风险管控和反欺诈的服务。风险评级，使用专业技术和工具，评估风险账户相关数据的客观性、准确度，量化其信用风险、履约能力等；在控制风险前提下，使个人能够实现安全汇款。实时预警，用数据挖掘技术，挖掘与账户信用相关的预警信息，形成预警信号并向相关风险管理系统主动推送，进而跟踪预警信号处置流程，直至形成最终结论或风险管控方案，形成一个风险预警、通知、处置和关闭的闭环处理流程。

（二）接处警系统智能决策

当报警人打电话求助的时候，报警人的心态是非常着急的，在这种状况下，报警人很有可能对现场发生的事情表述不清，这时接警人员也会受到报警人的影响而出现问题遗漏的情况。因此，有必要开发一套专家系统将接警流程规范化，让接警人员根据专家系统对报警人进行问题逐条引导，防止遗漏情况的发生。专家系统会根据接警人员录入的信息自动给出警情处理建议。

目前，南宁市城市应急联动中心已经整合了 110、119、120 和 122 四个市民常用的报警系统，而且各类报警均为电话报警。以南宁市城市应急联动中心接处警流程为出发点，用大数据技术作为开发工具，以关系型数据库管理系统服务器（MySQL Server）作为后台数据库，开发出一套基于案例推理（Case-Based Reasoning，CBR）专家系统的接处警智能决策支持系统。通过建立接处警智能决策支持系统，促使南宁市城市应急联动中心接处警工作流程的规范化、条理化，减少接处警人员主观因素的影响，提高接处警人员的工作质量，最终达到方便、快捷、迅速处理群众报警和求助的目的。

当然，大数据对人们的影响并不仅限于前面提到的例子，它所引起的改变还有许多，大数据给人们的工作与生活带来的改变是巨大的。我们要顺应时代的变化，更好地利用大数据，物尽其用，使我们的生活和工作变得更加美好。

四、大数据时代大学生就业创业面临的机遇与挑战

大学生就业创业状况不仅关系个人发展前景与高校发展态势，还与国计民

生息息相关。近年来，高校大学毕业生拥有更多机会，同时面临诸多挑战。

近些年，我国大学生毕业人数呈快速增长态势，大学生就业压力不断增加，创业意识不断增强。从大数据环境下各产业发展现状可以看出，企业各方面用人需求量较大。面对新的人才发展环境，大学生就业创业发展有更多机遇。当前，大数据技术与自媒体平台在学校不断延伸，学生能够获取海量的就业创业信息，及时解决与自身就业创业相关的问题，搜寻更多就业岗位与创业项目的机遇也变多了。同时，大学生就业创业平台日益丰富。大学生关注多个自媒体平台，可以整合多个平台的就业创业信息，这样也会增加其发展机遇。大数据时代的到来，许多新兴行业兴起，这些行业对社会的影响也越来越大，大学生的就业选择也随之增加。

在大数据时代，大学生就业创业政策扶持力度加大。高校从2010年开始就为毕业年度内在校期间创业的大学生核发“高校毕业生自主创业证”，这些大学生可持此证向创业地相关部门申请“就业创业证”，同时享受税费减免、小额贷款贴息等优惠政策。因此，大学生就业创业群体要时刻关注国家及地方出台的各类扶持政策，了解大学生创业园、政府孵化基地等就业创业资源，利用这些政策和资源，积累创业经验，提升就业能力。

在关注大数据带来机遇的同时，大学生就业创业面临的困难也不容忽视。首先，大学生欠缺经验指导，摸索前行困难。大数据时代最大的特点就是创新，如果没有创新就不能得到更好发展。大学生在就业创业方面为了达到良好的效果，往往侧重于用户体验和服务两大功能，但是由于没有成熟的经验做指导和借鉴，在互联网的运营和管理上也没有可供学习的模式，大学生就业创业会频频出现各类问题。一些特色的创业项目和就业设想会半路终结或者不了了之。在未知前行的道路上，大学生需要借助互联网思维不断探索大数据与就业创业相碰撞的契合点，敢于创新、勇于挑战，坚持不懈地开辟新领域。其次，选择投资两难，信息误导危险。互联网市场的竞争非常激烈，对于刚步入社会的大学生来说，在进行就业创业项目的选择和投资时，会受到信息资源闭塞、市场摸底不透、团队分工不明等一系列问题的干扰和制约。选择符合产业政策和有较大市场前景的项目需要谨慎做决定，在风险共担、利润共享中寻找战略伙伴，在创新上位、服务贴切中打造项目核心竞争力。与此同时，网络中信息资源的良莠不齐，特别是诸如暴力、色情、欺诈等负面信息，会对瓶颈期或者投机阶段的就业创业人群带来极大诱惑，信息甄别失误或滞后都会使之走向歧途，造成一定的损失。

在大数据时代背景下的大学生拥有前所未有的优势和宽广的前景，但也面临着挑战和危险。因此，大学生要不断提升自己的就业创业综合能力，真正做到“胆大心细、坚持不懈”，这样才能乘着大数据时代的新风，争取更好的发展机会，更多地回报社会。

第二章　大数据对职业的冲击

大数据在未来将成为对各行各业发展影响最大的技术之一。近年来，越来越多的企业关注到了大数据的发展，并逐渐意识到大数据是未来发展不可规避的问题，同时在大数据的影响下，一些职业在悄悄转变，而另一些职业在悄悄诞生。本章要讨论的重点就是传统职业的转型、全新职业的诞生及职场的重构。

第一节　传统职业的转型

大数据是一把“双刃剑”，关键在于是否能够合理正确地使用。本节主要选取了三种职业，分别是传统媒体行业、传统出版行业及传统档案行业，分析这些职业在大数据背景下面临的挑战。

一、对传统媒体行业和媒体人的挑战

显而易见，大数据对传统媒体带来了较大冲击。大数据是商业变革的重要驱动力量，同时也是作为未来商业社会的基础设施。曾有学者指出“整个商业领域都因为大数据而洗牌”。而对于传统媒体而言，“互联网 +”是推动媒体进行新一轮转型的外在动力和重要途径。大数据时代背景下，受众的阅读习惯和

信息获取形式都发生了明显的变化，因此对于传统媒体的发行量和收视率产生了一定影响。新型传播方式使传统媒体陷入了困境，在这种困境下，传统媒体选择与新媒体融合，所以我们在互联网领域可以看到“百花齐放”的状况，比如微信公众号、新闻客户端等，传统媒体都希望通过转型来应对大数据的挑战。目前来看，传统媒体与新媒体的融合已经取得了不小的成就，但这种融合发展进入了瓶颈期，如何更进一步深度融合，是传统媒体未来需要不断探索的模式（黄健源，2020）。

大数据时代充斥着各类海量数据，传统媒体人如何合理、恰当地使用这些数据，是不小的挑战。本节主要以记者为例展开叙述。记者是新闻传播中的重要角色，在传统媒体下，记者通常扮演的是思想启蒙者、信息传播者和历史记录者的角色（秦璇，2014）。而伴随着新媒体、大数据的不断发展，在新型平台上，每个人都可以是记者，以往传播者和接受者之间的界限逐渐被打破。因此，在大数据背景下，记者应该如何进行角色的转型，如何更好地适应新型传播方式，是记者这个职业应该考虑的重要方面。

二、对传统出版和出版人员的挑战

从最初的竹简到现在的电子书，从最初的结绳记事到现在高速计算机的应用，出版业在技术的革新下不断发展。我们最为熟知的传统出版的代表就是纸质出版，顾名思义，它们是采用纸张作为传播载体，之后再进行大批量复制，表现方式过于单一，整体排版也很固定。而且传统出版的传播是属于典型的单向传播，从某一点出发逐渐向大众扩散，另外，传统出版是通过层层批发的方式将成果传递到读者手中，而资金流恰好是相反的方向。由此我们可知，传统出版亟待转变。随着科技不断发展，一种新型的出版方式——数字出版应运而生，它给传统出版带来了不小的挑战。所谓数字出版，就是以新型技术为支撑，采取多样的表现形式如文字、视频等，将其整合，方便读者查阅。数字出版的互动性很强，它既可以实现传统出版的单向传播，也可以双向甚至多向互动。另外，数字出版还克服了传统出版资金回笼慢的问题，它不需要物流配送，读者如果感兴趣的话，可以实现线上即时支付。

对于数字出版而言，技术创新和管理能力的发展至关重要，而提升这些能力的关键在于人才。部分出版机构并没有紧跟时代步伐，没有及时吸收复合型人才，反而落后了，造成企业目前无法跨越眼前的数字鸿沟。传统出版业的数字化转型，对于出版人员的技术要求更高，也就是说计算机、软件等的应用出版人员的工作方式带来了不小的改变，因此，出版人员应该学会使用各种数字化的工具，了解网络技术方面相关知识，但同时，在这个“内容为王”的时代，出版人员也不能忽视内容的发展。大数据时代是个信息爆炸的时代，对于海量、碎片化的信息，如何才能让读者更快更准确地获得有效信息显得尤为重要（严明瑗，2013）。

三、对档案行业和档案人员的挑战

档案行业不仅需要大量的人力物力，也需要我们花费更多的精力，同时对于存放空间也有着不小的要求。随着计算机的出现，档案行业面临的工作难度也在不断降低，只要有几台计算机，档案人员就可以快速地进行归档、整理等工作。同时也不会占有很多的空间，既节省了时间，又节省了空间，从这一点来看，档案行业是在进步的。在大数据背景下，如何更好地满足社会需要、应对社会变化，对于档案职业来说存在不小的现实性挑战。大数据的快速发展，使传统的档案工作模式已经不能很好地适应社会需求。大数据对于档案行业的冲击主要体现在以下几方面：一是档案管理制度不完善。传统的纸质档案管理，在保密性和完整性等方面都比较完善，在大数据时代背景下，大部分档案数据都转换成了数字化的形式，但档案行业却没有及时对管理系统进行升级维护，现有的管理制度没有及时调整。二是档案行业与目前的信息化时代有些脱节，不能很好地适应时代发展，实际情况下的档案分类比较模糊。三是对于档案行业人员的技能要求方面提出了更高的要求。传统的档案操作只是对纸质档案的整理，但在大数据背景下，档案的整理逐渐引入了专业设备，且档案管理平台也需要定期升级维护。这就对档案行业的技能方面提出更专业化的要求（刘思嘉，2020）。面对这些挑战，档案行业人员更应该迎难而上，不断克服难题，同时要有创新和批判精神，以促进档案行业的与时俱进。

第二节　全新职业的诞生

大数据背景下，一些传统行业面临转型，同时一些全新职业也在悄然诞生，譬如全媒体运营师、大数据工程技术人员及数字化管理师、物联网工程技术人员、电子竞技运营师等，本节主要选取了全新职业展开进一步介绍。

一、全媒体运营师

随着大数据的迅速发展，传统媒体开始进行全媒体转型，而传统媒体人随之受到不小的挑战，全媒体运营师作为一个全新的职业也应运而生。全媒体运营师于2020年2月25日正式被人力资源和社会保障部等部委命名为十六个新职业之一。早期网络论坛上出现的网络编辑岗位就可以被视为这一新型职业的雏形。尤其是近年来，各种信息传播形式越来越丰富，因此我们对于全媒体运营师的水平和层次要求也越来越高。鉴于这一原因，部分网友用“黄金战士”来形容未来媒体的全媒体运营师（黄健源，2020）。全媒体运营师是指通过运用多种媒体技术和渠道，采用数据分析和创意策划等方式，从事对信息进行加工、匹配、传播、分发等工作的人员。具体而言，他们主要利用相关数据，通过信息技术及一些相关的分析工具，对媒介和目标受众进行数据化的分析，在对目标受众分析的基础上，将一些信息载体向受众进行精准分发。因此，作为全媒体运营师，数据分析能力、策划能力及精准营销传播能力是必备技能。

我们在前文讲到传统媒体人的转型，而全媒体运营师也是在此基础上转型而来的。对于全媒体运营师来讲，传统媒体人其实是一个很合适的人选，传统媒体人转型到全媒体运营师有以下优势：一是其具备良好的媒体素养，他们经历了各种历练，自身的专业能力方面有很过硬的技术支撑。二是具备良好的内容生产技能，他们之前就已经接受过一些相关的专业训练，因此，只要在全媒体运用方面稍加培训，就可以很好地胜任这个岗位。三是传统媒体人对信息和数据有较为准确的把握，他们之前接触过形形色色的人，形形色色的声音，因此，对一些事物也有着自己独特的判断（黄健源，2020）。因此，我们认为传统媒体人应该及时做好自身规划，为未来的转型奠定基础。

二、大数据工程技术人员

大数据工程技术人员主要是指可以对大量数据进行采集、清洗、分析、挖掘，并可以对这些数据加以利用、管理和维护的相关技术人员。对于一个优秀的大数据工程技术人员而言，逻辑分析能力是必不可少的。大数据工程技术人员可以精准定位某个问题的关键点和重要因素。顾名思义，大数据工程技术人员就是一群“玩数据”的人，他们可以“玩”出数据的商业价值，并让数据变成生产力。大数据和传统数据相比，最大的区别就在于其规模大、无章法，因此，会“玩”这些数据就显得很重要。大数据工程技术人员在处理数据时的主要任务有以下几个方面：一是对历史进行分析，找出以往发生的事件具有何种特征，通过分析这些特征，就可以帮助企业对消费者达到一个更好的认识。通过分析用户的行为，我们就能更好地了解这个人，并对其行为进行有效的预测。二是对未来可能发生的事情进行预测。大数据工程技术人员通过对关键属性的引入，可以帮助企业对未来的消费趋势进行预测。以百度景点预测为例，大数据工程技术人员对所有可能影响某段时间内该景点人流量的关键因素进行收集并分析，就可以预测未来一段时间内该景点的拥挤情况。三是对选择进行优化。举例来讲，在以往的经验中，如果管理者面临两个或者更多的备选方案时，只能根据已有的经验来进行判断。而在引入了大数据之后，大数据工程技术人员就可以进行大范围实时测试，观察几种不同方案下用户的点击率或其他指标，以帮助企业做出最优决策。

三、数字化管理师

在这个被海量数据包围的时代，企业的一些管理理念和办公方式也逐渐发生了变化。传统的运营企业是以内部管理为主，而随着数字化经济的发展，企业对于具有数字化管理能力的人才需求也在不断上升。在此背景下，新职业——数字化管理师应运而生。所谓的数字化管理师，是指利用数字化办公软件平台，进行企业及组织人员架构编辑、组织运营流程维护、工作流协同、大数据决策分析、企业上下游在线化连接，使企业组织在线、沟通在线、协同在线、业务在线、生态在线，实现企业经营管理在线化、数字化的人员。数字化管理师在企业内部扮演着极其重要的角色，在内部运作各方面也都发挥着重要作用。数字化管理是实体经济逐渐向数字经济靠拢的趋势，而通过数字化管理赋能于实体经济和传统企业也是未来趋势。全新的数字化管理师职业，为企业在数字化转型方面提供了重要保障，促进企业加快实现数字化转型，进一步增强企业的市场竞争力。

第三节　重构职场

一、大数据对求职者的影响

大数据在挑战旧行业的同时，催生了一批新行业，但很多求职者难以获得理想的工作，辗转于各个行业之间，没有稳定的发展机会。对求职者来说，难以获得心仪的工作有以下几个方面的原因：一是本身素质不过关，难以达到岗位要求；二是社会资源不平衡，目前大部分求职者涌向城市，不愿意在偏远地区工作；三是部分职业饱和，有很多热门行业求职者的实际数量高于需求量；四是缺少指导，很多求职者往往只凭借身边朋友的经验或者非专业的信息进行盲目求职（魏鑫等，2017）。种种因素致使求职者在寻求满意工作的道路上走得并不顺利，借助大数据这一工具能否帮助求职者更好地获得工作资源呢？

已经有学者做出了研究，目前一种方法是将来自各个平台的大量职位信息进行采集、处理、分析，形成一站式的综合平台，并配有可以快速准确查找相关信息的搜索引擎，平台还可以对用户的行为习惯进行分析处理，以匹配最适合的职业。这种平台使用爬虫技术和大数据处理分析，将纷繁复杂、范围极广的职位数据纳入平台，极大地减轻了求职者广泛搜集信息的负担。同时，用户可以通过限制“工作地点、发布时间、工资水平”等条件来进行筛选，根据自己的要求快速地挖掘到合适的岗位信息。随着用户在平台上产生大量的搜索、收藏、浏览行为并投送自己的各类证书，平台即可根据一套算法分析用户的喜好、能力和期望，进而为其推荐出合适的个性化职位（李宝深，2018；张一名，2021）。虽然这种方法还没有完全广泛应用，但却为我们提供了一种运用大数据进行求职的思路。

求职者的主体是学生群体，学校会留有学生大量的数据信息（包括在校表现、就业方向、工作满意度等），这些信息恰恰可以为辅导员或就业指导人员所用。只要找准特征，依托海量数据，即可将静态的统计信息转化为分专业、分时期的动态就业信息，并且可以基于以往的数据对学生的就业情况进行预测，提供针对性的指导服务（龙欣宇等，2016）。

但对于求职者来说，重中之重还是提升自身素质，尤其需要加强数据意识，学会利用数据来分析问题、解决问题，如此才可能在大数据时代背景下有更加长远的发展。

二、大数据对招聘者的影响

大数据时代，求职者们寻职的方式方法更加多样，那么相对应地，招聘者更应搭上时代的顺风车，积极利用大数据来优化招聘模式，提升招聘效果。

对于招聘者来说，人才是企业发展中的重要一环，人才质量的高低在很大程度上影响了企业的运转和发展。在传统的招聘模式中，很多企业存在招聘模式单一、岗位分析不力、效率低、人岗不匹配等问题，不能有效地发挥人才在企业发展中的作用（刘红亮，2021）。但随着大数据的发展，这些问题都可以得到一定程度上的解决。企业可以在线上线下的多个平台上发布招聘信息，并将求职者的简历进行处理、筛选、建模，建立一个具有鲜明特征的大人才库。在这个人才库中，各求职者的学历、性格、预期薪资、地理位置等信息都有明确的标注，即形成了清晰的求职者画像。同时，企业内部也可借助海量数据对岗位的特点进行分析，建构出更全面、客观的岗位胜任力特征模型并严格执行，从而减少招聘过程中的主观因素。将招聘者的需求模型与求职者画像两相对比，即可在海量的求职信息中初步筛选出更合适本企业的求职者，为企业人力资源管理奠定良好的基础（董晓宏等，2014；李锦锐等，2019）。大数据招聘示意图如图 2–1 所示。

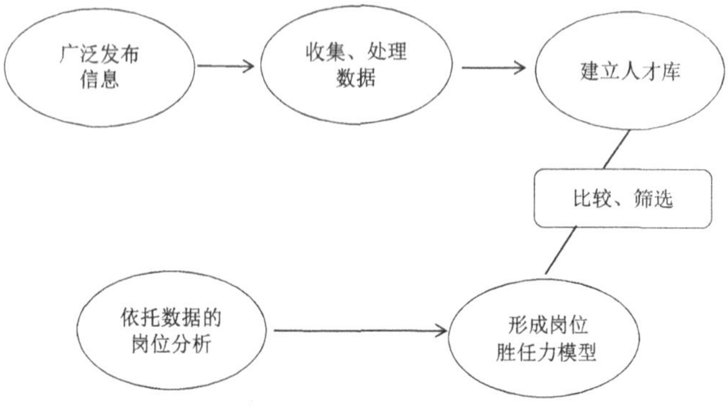

图 2–1　大数据招聘示意图

招聘者除了要提升运用数据的硬实力外，也要具备一定的软实力。部分企业虽然理解了大数据的内涵，也使用了大数据分析的方法进行招聘，但是效果并不理想，这可能就是在软实力上出了问题。招聘信息不必拘泥于专业的招聘网站，企业可以将信息广泛投送到相关的社交平台上，既能提升曝光度，又能减少成本。招聘信息本身的设计也是一个重要问题，好的设计能在求职者有限的注视时间中抓住他们的注意力，获得更多流量。另外，企业的官网也是不容忽视的，不良设计会影响求职者对公司的印象，而且如果职位申请的过程不够简洁，“广撒网”的应聘者很可能会放弃此次操作，转而投向其他企业（纪博心，2021）。同时，数据的甄别和安全问题也不容忽视，招聘者应将收集到的数据进行初筛，减少水简历、假简历所占的比例。企业还应建立数据保护系统，防止不法分子盗取数据，涉及用户的信息应严格保密，不可泄露（胡瑾等，2019；吴琼，2021）。

总的来说，大数据是企业招聘中一个非常有力的工具，应善用它来广纳优秀人才，促进企业发展。

三、大数据对人力资源管理的影响

尽管人力资源管理的概念由来已久，但是目前少有公司有成熟的管理模式，更多的企业倾向于使用他们的经验和直觉来进行各项管理，而不是使用理性客观的数据（姚凯等，2018）。而在大数据时代，员工们每天都在产生大量的行为数据和生理数据，如果能将它们合理地获取并运用起来，以数据进行预测和指导工作，那么人力资源管理领域将迎来一次重大飞跃。

人力资源管理包括人力资源规划、招聘与配置、培训与开发、薪酬管理、绩效管理及员工关系六大模块，接下来我们将从这六个方面阐述大数据所产生的冲击与机遇。

人力资源规划为了促进企业发展对现有人力资源的调配，以及对未来人才需求进行的预测。传统的人力资源规划以回归分析、专家预测等方式为主，但是往往含有主观性，而且不能全面反映现实、预测未来。大数据可以对员工的工作绩效、工作时效、受教育程度、兴趣爱好和每日工作完成度等结构化和非结构化的信息进行分析与处理，以使各部门的人才都能物尽其用，并可对人力资源的调配进行预测规划，结合人才流动情况数据后还能预测可能出现的劳动力缺口。大数据将决策层和员工层之间很好地沟通起来，使规划有了更多依据和科学意义（和云等，2014；王群等，2015）。

有关招聘内容已经在前文有较为详细的阐述，这里不做过多解释。

对员工的培训与开发不能仅仅依靠单一的问卷发放，公司应该系统综合员工们的工作满意度、晋升期望、当前工作效率等数据，依托这些动态的、人性化的资料来为员工们提供针对性的服务和培训以使员工更好地融入组织中，获得更强的认同感，同时企业也可以及时发现员工中存在的问题并进行解决（吴雁洁，2018）。这种从细微处、从员工本身着手的培训开发是传统方式难以做到的。

目前，我国很多企业在薪酬管理方面存在思想不重视、认识不全面、技术不先进的问题。合适的薪酬不仅满足着员工需要，使其体现个人价值，还对增强其工作积极性有很大的作用。薪酬的发放要有适应性，发挥好激励作用，而囊括了员工工作方方面面的大数据就可以很好地量化每一位员工的付出，客观衡量他们对企业的贡献，同时也能分析员工对各类薪酬的偏好，做到有针对性地公平发放薪酬，提升团体的活力和积极性（李一苇，2021）。

与薪酬管理作用相似的，每位员工的绩效都可以被全面客观地评估，并被实时反馈。在绩效管理和信息传递的过程中，大数据使公司结构更加扁平化，提升了员工的参与感，减少了不必要的过程成本（武宝贵，2021）。企业绩效管理体系通常由绩效指标制定、绩效考核、绩效反馈三个环节构成，依托于大数据，可以改善绩效管理指标不全面、考核不客观、反馈不及时的缺陷。通过对行业内指标信息的搜集，并结合企业自身特点，有的放矢地对现有指标进行改革。

总体上看，大数据对人力资源管理来说是非常重要的新兴工具，大数据可能成为人力资源管理中的第 7 板块，但是大数据同时也是一柄双刃剑，如果不能处理好隐私和安全问题，可能就会得不偿失。

第三章　大学生生涯发展与创新创业

第一节　大学生生涯的概念

一、大学生生涯的概念

首先我们需要科学地了解什么是大学生生涯才能更好地对它进行规划。“生涯”的英文为“Career”，但其原意为两个轮子的马车，可以引申为道路，再发展为人生的发展道路，那么生涯所代表的含义就可以详细解释为一个人一生中所担任的一系列责任和扮演的一类型角色，是人一生的整体发展经历。大学生生涯则是指立足于大学生身份基础上的个人一生的整体发展经历。

二、大学生生涯发展应该做什么准备

大学生生涯发展离不开大学生职业生涯规划。大学生职业生涯规划要求大学生在学校相关部门和人员的帮助下对自身过去发展情况、当前自身条件和未来发展机遇进行评估，结合评估结果对自身的奋斗目标进行确定，选择合适的职业并制订相应的教育和成长计划，并为之不懈努力，最终达到自我实现的过程。此外，在信息高速发展的 21 世纪，创造、创新、创业的地位愈发重要，世界各国越来越重视大学生的创新创业教育，也反映了创新创业对大学生生涯发展的重要性。

第二节　大学生创新创业

一、大学生创新创业的界定

“创新”即破除旧的、确立新的，人类社会发展离不开创新；“创业”广义上指创造新的事业。大学生创新创业以大学生为主体，强调大学生在校期间或毕业后根据自身能力和发展兴趣，利用自身所拥有的资源开创自身事业的过程。大学生作为高级知识技能的拥有者，若能顺利将自身掌握的知识技能运用到创新创业中去，相信一定会让国家事业发展迸发出更多生机。

二、大学生创新创业应该做哪些准备

大学生首先应充分掌握自身所学的专业知识并能够充分运用，以确保可以灵活运用到创新创业中。学者刘建均认为，创业活动必然涉及创新，但创新不一定是创业活动。因此，大学生创新创业要培养自身的创新型思维能力，让自身可以从新颖的思维视角发现、解决各类问题。历史是在创新中进步的，每天都会出现新事物、新思想，只有不断学习、掌握新知识、新技能才能确保自身的创新能力，因此，培养自身的自主学习能力非常重要。当然，创新创业不能是空中楼阁，真正的创新创业应该有充足的实践基础。除此之外，“互联网 +”与“大数据”在人们生活中扮演重要角色，充分了解二者并将其纳入自身创新创业赛道，相信会对创新创业大有裨益。

第二编　大数据时代大学生生涯发展与创新创业能力评价

大数据背景下，大学生创新意识进一步加强，大数据背景为大学生的创新创业提供了更大的选择空间，对于大学生来讲既是机遇，又是挑战。为了帮助大学生迎接机遇和直面挑战，对大学生生涯发展与创新创业能力评价显得尤为重要，可以根据不同学生的特点，对他们进行评估，切实提高他们的创新创业素养和能力，实现良好健康的生涯发展。

第四章　自我认知测量与评价

第一节　基于网络社交媒体的主动性人格测评

一、主动性人格的概述

（一）主动性人格的提出

贝特曼和克兰特（Bateman et al.，1993）在探讨组织行为的发展中引入了主动性人格的概念，并且分析了主动性人格的员工对于组织发展的影响。研究指出，主动性人格的员工独立性更强，能更好地避免外界因素的干扰。贝特曼和克兰特进一步研究了主动性特质和非主动性特质存在的区别：主动性人格的员工受外界因素的影响更小，会主动分析自身所处的环境。格雷古拉斯和迪芬多夫（Greguras，Diefendorf，2010）发现具有主动性人格的员工在对未来进行规划时，往往以未来发展为导向。斯特劳斯和帕克（Strauss，Parker，2010）分析的结果显示，主动性人格的员工在工作中的绩效更好，成果也更为突出。

作为一种被广泛关注的人格特质，主动性人格可以独立解释许多变异。塞伯特（Seibert，1999）分析了主动性个体和非主动性个体之间的差异，研究的结果显示主动性个体在日常工作时会更加积极主动地参与生涯的规划和工作的安排。比如，当工作时需要某些信息和资源支持时，主动性个体会主动地对外交流和沟通，不断增加知识的广度和深度，也愿意做出改变，适应环境或者主动去改造环境（谢俊等，2016）。而非主动性个体对环境的依赖程度更高，面对环境的变化时更倾向于保持现状，很少会主动改变自己（塞伯特等，1999）。

（二）主动性人格的定义及演变

最初主动性人格是指个人倾向于主动地进行角色定位，例如，发起变革和积极改变他们所处的环境。具备主动性人格的个体对外界环境变化的适应性更强，会积极地发现机会并且把握机会，同时愿意为了目标而付出努力，直到个人的事业发生了有意义的变化（克兰特，2000）。

主动性人格的研究更多地和工作结合起来，主动和非主动的性格与行为的区别在于工作中是积极主动还是被动（贝特曼等，1993）。几位研究人员验证了工作中主动性人格的一系列可能的结果。例如，克兰特（1995）研究了由贝特曼和克兰特（1993）建立的主动性人格量表的校标效度。使用131个房地产经纪人的样本，结果表明，主动性人格量表可以客观地衡量经纪人的工作表现，其中包括经验、社会期望、一般的心理能力。帕克（1998）发现，使用玻璃制造公司的样本，积极主动的人格与参与组织改进计划有着积极而显著的关联。贝赫勒和莫勒（1999）研究了积极主动的性格对企业家行为的影响。215位小公司总裁的抽样调查结果表明，总裁的积极性与三种企业家行为显著相关：开办与不开办企业，创业公司数量和所有权类型。塞伯特等（2001）测试了主动性人格对声音、创新、政治知识和职业积极性等结果的影响，发现除了言语外，主动性人格显著影响了所有变量，进而影响了个人的职业成就。最近，汤普森（2005）研究了主动性人格与工作绩效之间关系的模型。他发现，积极主动的人格与工作绩效之间的关系是通过网络建设和员工的积极性来调节的。

二、主动性人格的相关研究

（一）主动性人格与员工创新行为

主动性人格与员工的创造力具有正相关关系。员工的创造力一般是指个人在复杂的社会系统中共同创造有价值的新产品、服务、思想和解决问题的方式

（Woodman et al.，1993）。重视新思想的人都具备积极的行动方向，具有主动性人格的员工会积极地进行变革以实现其目标。格里芬提出的工作角色绩效模型将个人的主动行为确定为九种核心工作角色行为之一（Griffing etcl，2007）。在时机恰当的时候，具有主动性人格的人特别擅长寻找更好的工作方式。例如，主动性人格的个体通过积极工作来改变他们的环境，并寻找新的信息和做事方法以提高他们的业绩（范恒等，2017），他们会被激励去学习新事物和发展自己的才能（Eron et al.，2016）。同样，塞伯特等（Seibert et al.，1999）表明，这些人会做出各种努力来提升自己的职业前景。也就是说，他们倾向于提出实现目标的新方法，并将这些新方法用于提升自己的工作效率上。

（二）主动性人格与学习能力

随着知识经济的高速发展，组织的结构也在不断地发生变化，传统层级式的结构正在朝向扁平化结构的方向发展，组织的发展中，个体所能发挥的作用在不断增加，因此个人能力的提升对组织的发展有着十分重要的帮助。陈国权等（2010）从员工的个人特质方面进行相关的分析，结果显示在组织的变革和发展中，主动性人格的员工适应能力更强，更愿意为了个人发展而主动地改变环境。同时这些员工的接受能力更好，学习的效率也更高（杨晓超，2017）。还有研究分析了主动性人格的员工和组织发展之间的关系，同时研究了主动性人格员工的学习能力发展现状，可以为后续的研究提供更好的理论指导（陈国权等，2017）。

（三）主动性人格与团队绩效

柯克曼等（Kirkman et al.，1999）对来自 4 个不同组织的 101 个正式工作团队进行了现场研究，研究数据表明团队的主动性水平与团队绩效呈正相关关系，并且团队主动性对一些重要的团队结果有着积极影响，包括团队生产率与客户满意度，高主动性的团队有较高水平的工作满意感、组织承诺和团队承诺（Kirkman et al.，1999）。此研究首次探讨了团队主动性并证明了主动性对工作团队的重要性，主动性与团队生产率和客户服务之间的强烈关系表明了高主动性团队比低主动性团队更有效率（周眙，2016）。

（四）主动性人格与创业

克兰特（Kranter，1996）发现主动性人格与创业之间存在正相关关系。为了利用市场机会，一个人必须首先主动地认识到机会，然后再开发该机会（Ardichvili ect，2003；Gaglio，1997；Venkataraman，1997）。有研究者对主动性人格与创业之间的关系进行了探讨。克兰特（Kranter，1996）通过对大学生和MBA学员的研究发现主动性人格与创业意愿有关，在控制了性别、教育水平及父母一方为企业家等额外变量之后，主动性人格解释了创业意愿17%的变异。贝赫勒和莫勒等（Becherer et al.，1999）以215家小公司的总经理为样本探讨了主动性人格和创业成果之间的关系，结果显示企业的总经理在人格评测量表上的得分越高其公司销售额越多。在主动性人格量表上得分高的人会在公司寻求发展机会并在占据市场位置时表现出积极的创业姿态。主动性个体会积极地开创公司而不是购买或继承公司，并且主动性人格与个体开创公司的数量有关（Becherer et al.，1999）。此外，陈卿（2019）还探究了主动性人格在创业态度和创业意向间的作用，结果发现主动性人格能显著预测创业意向，并且在创业意向和创业态度间发挥调节作用。

三、文本挖掘与主动性人格测评

（一）文本挖掘简介

文本挖掘（text mining）旨在自动发现、检索和提取文本语料库中的信息，该文本语料库通常很大，涉及语言学、统计学和计算机科学的方法。文本挖掘将自然语言处理（NLP）、人工智能、信息检索和数据挖掘等技术结合起来帮助理解复杂的书面分析处理系统（Sultan et al.，2016）。文本挖掘的首次使用主要是在医疗领域之外，以供政府情报和安全机构检测恐怖警报和其他安全威胁。这些方法随后被广泛应用于其他领域，特别是医学领域（Julia et al., 2016）。纽约大学发起了第一个生物医学项目之一，目的是分析专家撰写的文章从而预测患者的体征和症状并针对这些症状确定药物以便进行更有针对性的治疗（Sager et al., 1987a，1987b）。随着技术的进步和自然语言技术的发展，使用文本挖掘的出版物数量在 10 年中翻了一番以上（Zhu et al., 2013）。

如今，文本挖掘工具的准确性和处理复杂问题的能力一直稳步提高，已经可以广泛应用。为了获得新知识，文本挖掘利用了许多文本分析组件及许多外部学科，例如计算机科学、人工智能、管理科学、机器学习和统计（Miner et al., 2012）。这对进行实际的研究有着十分重要的帮助。

心理学领域对个体人格的研究往往采取访谈的形式，从个体自由表达的日记及访谈内容中分析个体的人格特质，深入挖掘个体的心理特征。但是当个体数量过多时，对所有的人员进行质性分析需要花费大量的人力和物力，而且由于人数较多无法对每个对象的特征状况进行量化分析，很难得出相对准确和具有代表性的评测结果，因此为了提升本测评的效率，采取了大数据文本分析的方式开展相关数据的搜集和处理。分析的载体为个体用到的问题信息，从实际的数据分析结果可以看到，采取大数据文本分析的研究方式使得效率得到了有效的提升，而且能保证数据的准确性。朱廷劭（2016）认为通过观察个体的社交网络内容也能看出个体的心理特征。任孝鹏等人（2017）利用大数据文本分析的方式对微博文本进行研究，以此来判定个体的心理特质、人格类型及社会态度等信息（任孝鹏等，2017）。

（二）微博挖掘的短文本特征选择及权重计算

随着网络技术的发展，更多新的技术和设备走进人们的生活，对人们的生活方式产生了很大的影响，尤其是基于互联网技术发展的社交网络，更是颠覆了人们旧有的沟通和交流方式，大量的短文本数据以几何速度扩展。以微博为例，微博是一个新的多媒体迷你博客，它允许用户发布短消息给所有或有限的人群，就像 SMS 等一些即时消息软件，电子邮件和其他形式阅读（Grinev et al., 2009)。近年来，微博用户以惊人的速度增长并席卷了世界，产生了大量短文本和不同数据结构的短文本，其中包含许多有用的信息（Johnson et al., 2009; Shen，2009）。与长文本中的特征选择技术相比，短文本特征选择中的主要问题是：特征空间稀疏且难以充分利用其特征之间的相关性，并且不同特征对分类结果的影响也大不相同（Liu，2011）。

当前，存在基于统计和规则相结合的方法（χ^2-Max 和 TF-IDF），引入语义范式对短文本进行分类并通过人工手段进行干预。

1. χ^2 统计量（CHI）

CHI 的主要作用是研究特征和类别之间的 χ^2 分布，χ^2 统计的数值越高，则代表特征和类别之间的相关性程度越强，反之则越弱（王明春等，2005）。χ^2 的数值可以使用下面的公式进行表示，为

$$\chi^2\left(t_i,C_j\right)=\frac{N\times\left(A\times D\ -\ C\times B\right)^2}{\left(A+C\right)\times\left(B+D\right)\times\left(A+B\right)\times\left(C+D\right)} \tag{4-1}$$

其中，A、C 分别表示文档 C_j 含 t_i 频数与其不含 t_i 频数，B 与 D 则分别表示不属文档 C_j 但含 t_i 频数与其不含 t_i 频数，而文档集中所有文档数目用 N 表示。

在对特征提取的过程中，本测评实现了 χ^2 统计量和特征相互匹配的目的，每个分类文档对应的 χ^2 数值为

$$\chi^2_{\mathrm{MAX}}\left(t_i\right)=\underset{j=1}{\overset{M}{\mathrm{MAX}}}\left\{\chi^2\left(t_i,C_j\right)\right\} \tag{4-2}$$

其中，M 表示文档的类别总数，排除那些不符合阈值要求的特征，提取剩余的特征信息进行后续的分析。

2. 基于文档频率的特征选择

在文本分类中，可能存在的一个情况就是部分文档匹配多种类型的情况，因此为了选择最佳的匹配类型可以采取词频—逆向文件频率（Term Frequency -

Inverse Document Frequency，TF-IDF）方法（Huang et al.，2011），这种方式可以对文档中的每个单词进行提取和分析，如果一个词出现的频率很高，而且出现的范围较广则表明这个词对于整个文档分类的重要性较高。采取此种方式可以捕捉文档的单词，建立文档单词和分类之间的关系。其对应的计算公式为

$$W_{(t,d)} = \frac{tf(t,d) \times \log(N/n_t + 0.01)}{\sqrt{\sum_{t \in d} \left[tf(t,d) \times \log(N/n_t + 0.01) \right]^2}} \tag{4-3}$$

其中，$W_{(t,d)}$ 表示特征项目 t 的权重，$tf(t, d)$ 表示特征项目 t 的词频，N 表示整个文档的数量，n_t 表示出现特征 t 的文档数量，分母表示归一化因子。

当关键词 t 的出现频率较高时，则表示其在文档分类中的权重较大，反之则越小。

（三）文本分类的机器学习算法

1. 支持向量机分类方法

为了保证数据挖掘的效率和准确性可以采取支持向量机（Support Vector Machine，SVM）方法，从分类上来看，SVM 属于二分类算法，同时支持线性和非线性分类。从实际应用来看，SVM 在各种实际问题中都表现得非常优秀。它在手写识别数字和人脸识别中应用广泛，在文本和超文本的分类中举足轻重。同时，SVM 也被用来执行图像的分类，并用于图像分割系统。除此之外，生物学和许多其他科学都是 SVM 的青睐者，SVM 现在已经广泛被用于蛋白质分类，现在化合物分类的业界平均水平可以达到 90% 的准确率。在生物科学的尖端研究中，人们还使用 SVM 来识别模型预测的各种特征，找出各种基因表现结果的影响因素（Ning，2016）。

SVM 主要思想就是给系统一个固定的训练文本，思考如何才能提升文本识别分类的效率和质量，SVM 主要用于超平面的决策，可以增强正负之间的空白，提升分类的结果。假定给定的训练集为（x^1，y^1），（x^2，y^2），…，（x^n，y^n），$x \in R$，$y \in \{-1，+1\}$，在对模式识别时，构建有效的目标函数非常重要，可以准确地分开不同的模式（韩家新等，2004）。

2. 网络搜索与交叉验证

网格搜索法可以对指定的参数进行穷举搜索，在对估计函数进行结果分析时，可以采取网格搜索法优化学习的算法，对每个需要被分析的参数进行排列组合，形成网格的样式，然后算法会逐格地对数据进行搜索，这样可以很好地规避重复搜索和遗漏搜索的问题。网格样式组成之后再进行训练，采取分层交叉验证的方式进行评估，然后选择一种最为合理的分类方式，达到最佳组合分类的目的。用简单的话来说，就是你手动地去更改模型的参数，程序会自动地对更改以后的参数进行运算，为了确定搜索参数，也就是哪个参数是最符合要求的，就需要对参数的分类进行评分。有了好的评分方式，但是只用一次的结果就能说明某组的参数组合比另外的参数组合好，显然是不严谨的（王健峰，2012）。所以就有交叉验证这一概念，以下就是 *K* 折交叉验证的步骤。

（1）首先进行数据分割，将原始数据集分为训练集和测试集。训练集用来训练模型，测试集用来测试模型的准确率，图 4–1 是以 8:2 的方式分割。

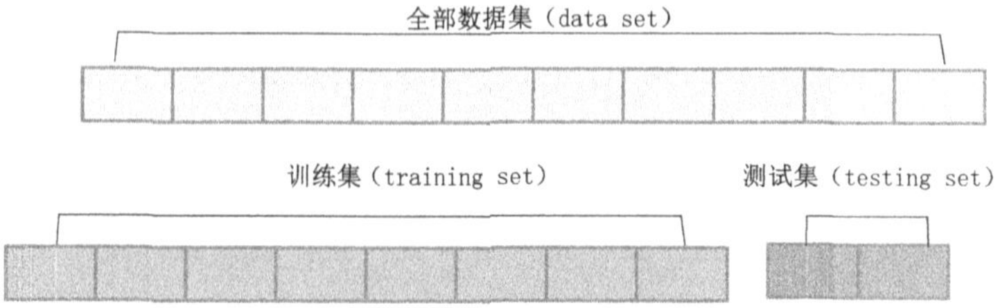

图 4–1　数据集分割图

（2）数据验证，在 *K* 折交叉验证方法中，*K*–1 份作为训练数据，剩下的一份作为验证数据，这个过程一共需要进行 *K* 次，对最后 *K* 次测试的结果取最终的平均值。这就完成了交叉验证的过程。

（四）基于文本挖掘的主动性人格测量方法

1. 测评目标

主动性人格的测量方法是通过文本的挖掘完成主动性人格的测评，同时对分类的准确性和合理性进行验证。文本分类是对未知类别的文档进行自动处理，判别它们所属预定义类别集中的一个或多个类别（Joulin et al.，2016）。首先需要对文本的类型进行定义，然后以内容为基础进行计算机的辅助分类。一般情况下针对文本的分类主要有三个步骤，分别是文本模型的构建、文本特征的提取及机器分类训练。为了测试分类的有效性，将分类的群体分为训练集和验证集，同时文本分类也分为训练阶段和验证阶段。在训练阶段，提取最能区分各个文本特征的关键词来确定被试主动性人格的高低类别，并且学习关键词和分类标签之间的关系，在初始的训练阶段，要进行有针对性的关键词分析和函数模型的验证，即将验证集中被试的反应数据代入模型计算模型预测的准确性。

2. 测评工具

由于主动性人格在多数情况下是与职业行为结合在一起，为了使测评内容更加贴近大学生，在筛选文本问题时从主动性人格原始定义出发，探究大学生的人格主动性，题目分别为：①日常生活中，当受到环境约束不能发挥自己才能时，你会怎么做，请说明原因；②生活中，你习惯于接受已有的方法还是会探求新的解决问题的方式，请说明原因；③当你离开常规的生活，生活环境发生改变时，会增加犯错误的概率，这时你还会选择改变吗，请说明理由；④你对自己未来几年的学习生活有过怎样的思考，是否已经与以后的职业相联系。当被试者阅读完相关的题目之后，可以根据自身的实际情况进行填写，每题60字左右。

3. 文本分类算法和程序

（1）文本分类算法。

本测评中对文本的分类方式是SVM，是一种常见的二分类模型，可以按照一定的间隔完成对文本信息的线性分类。SVM内部具备技巧性，因此在针对非线性信息的分类上具备显著优势，其学习策略就是采取间隔最大化的方式进行信息分类，相当于一个凸二次规划求解，通过计算选择最优化的算法，高效准确地对数据集进行分类（Yin，2016）。如图4–2所示，$wx+b=0$即为分离超平面，如果数据之间存在线性的关系而且可以被分类，那么此时超平面的个

数为无限个，但是对应数据的几何间隔是唯一的。而 $\frac{2}{\|w\|}$ 可表示为间隔，满足条件的点需在间隔以外区域，将分割线左上方间隔以外的点标示为 C_1，相反右下方的点标示为 C_2（韩家新等，2004）。

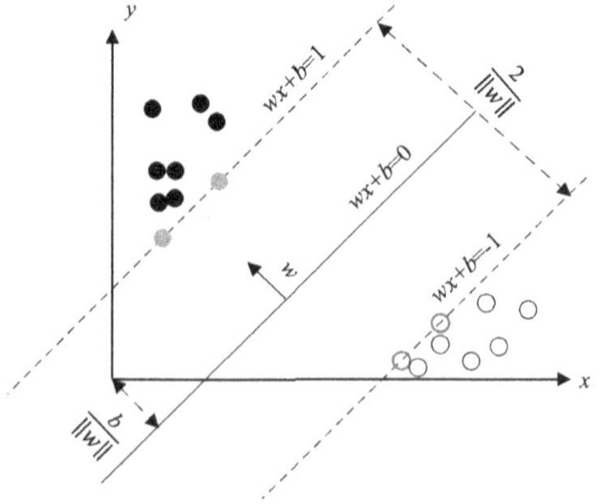

图 4-2　SVM 原理示意图

（2）文本分类程序。

①文本预处理阶段。为了更好地完成数据的分类工作，对数据进行预处理很有必要。测评的数据预处理：12 名心理学的本科生和研究生对问卷调查的文字部分进行转录，使用的软件为科大讯飞，并在事先将原则告知参与调查者，包括要按照测评书写原意转录、不能按照主观意愿对原文调整，且标点符号也一并转录。对于微博文本，需要将其中的广告、转发其他微博等与测评真实表达无关的微博剔除，只保留测评原创微博。因为文本中存在中文，需要对其分词，采取的 Python 中的 jieba 程序包完成这项工作，并且将分词后的文本信息和《哈工大停用词表》进行对比（官琴等，2017）删除代词和无用的助词以及标点符号，这样文本的特征信息会更加突出。

②文本特征提取。TF-IDF 是一种统计方法，用于文本挖掘（Text Mining）中的文本特征提取。以评估某个字词对于一份文档的重要程度。字词的重要性与出现次数呈正相关关系，但同时会随着它在语料库中出现的频率呈负相关性下降。这种特征提取的方式对于分类任务非常有帮助，原因在于这种方法不会因为某个词出现的频率高而认为这个词语很重要。也就是说，一篇文档中出现

的频率高，并且在其他的文档出现很少，则认为此词或者短语具有很好的类别区分能力，适合用来分类，TF–IDF 的模型见前文式（4–3）。

将参与调查者的文本和获取的文本进行对比，分析关键特征出现的频率，并且采取 TF–IDF 对特征进行权重分析，便于后续分类器的训练。因为会对所有的特征进行特征提取，所以我们保留了所有词语的 TF–IDF 的权重（有的研究可能会删除词频小于 5 的词语的权重）。

③特征选择。在传统的统计学当中经常用 t 检验或者 F 检验来检验两种变量或者多种变量之间的差异性。t 检验和 F 检验是包含关系，所以二分类任务和多分类任务都可以用 F 检验来进行特征提取。本测评是二分类任务，采用了传统的 F 检验进行特征选择，原理是某个特征对应的正类数据与反类数据差别比较大，就保留这个特征。衡量差别大小的指标是 F 值与 p 值，F 值 越大则 p 值越小，代表的特征正反类之间的差别越大，越有利于分类任务。在本测评中，采取了三种基于 F 检验的特征选择算法。

第一，保留特征值小于等于 0.05 的所有特征，p 值小于等于 0.05 是统计学中常用的进行统计推断的阈值，通常认为概率小于等于 5% 的事件为小概率事，统计学上的含义是在犯错误率不高于 5% 的情况下，认为正反两类或者类别之间的差异显著可以进行分类任务。第二，保留特征值小于等于 0.1 的所有特征，p 值小于等于 0.1 是某些教育测量与统计中进行统计推断的阈值，在犯错误率不高于 10% 的情况下认为正反两类或者类别之间的差异显著可以进行分类任务。第三，考虑到了上述保留特征的阈值具有特殊性及人为假定，因此对阈值进行了穷举搜索，搜索的阈值对应的是特征在 0.05 到 0.1 的 p 值。

（3）模型训练阶段。

①训练集和验证集。本测评采用的是五折交叉验证，不重复抽样将原始数据分成五份，每次挑选一份作为验证集，剩下的文本作为训练集，二者占所有的数据的比例分别为 20% 和 80%，最终得到的数据为 5 个验证集结果的平均值。

②“分类标签”的确定。搜集并整理相关的主动性人格方面的文献资料，

同时邀请了相关领域的 16 名专家辅助研究，计分方式为 0 ~ 9，根据因素的权重计算对应的得分，将每个项目上的得分求和，得到的总分就是评测主动性人格的标准，然后按照降序排列数据得分情况，得分前 50% 的被试者视为主动性人格高类，得分的后 50% 为主动性人格低类，采取这种方式每个被试者都有一个固定的标签，可以将其看成分类标签。

③分类器的训练。前期的训练阶段使用 SVM 的算法，建立特征和标签之间的对应管理，并以此构建分析的模型。

④分类有效性评价阶段。将参与调查者的词导入向量矩阵，然后再将向量矩阵的数据输入分类器中进行分类处理，并且输出对应的数字标签，将输出的标签和正确的标签进行对比，以此来判定分类的准确性。

四、项目反应理论与主动性人格测量

1. 项目反应理论概述

在评估自我报告的主动性人格测量方面，项目反应理论（IRT）较经典测试理论具有许多潜在优势。IRT 模型可以得出稳定的项目参数和潜在的特征估计，以特征水平为条件的标准误差及基于项目内容的特征估计。IRT 还有助于评估差异项功能，包括在相同量表中不同的反应方式，以及适合不同人员的评估，进而实施计算机自适应测试。IRT 方法可有助于制定更好的主动性人格评价指标（Hays，2000）。

项目反应理论主要用于研究项目的反应行为和潜在特质之间的关系，与传统的量测理论相比，研究得更加深入，数学形式的表达也更加准确。项目反应理论是基于潜在特质理论构建的，可以高效地判定项目反应和潜在特质之间的关系，从实际的情况分析，这些项目上的反应过程并非线性的关系，而是呈现出明显的非线性单调关系，因此基于这种非线性的分析可以构建项目特征曲线，当项目的特征曲线确定之后，然后建立分析的假设，将基本的假设和特征曲线的特征相互结合分析，最后构建理论项目反应的分析模型（张扬，2016）。

与经典测量理论相比，大多数的IRT都是建立在假设的基础上，主要包含单维度建设、局部假设及曲线假设。随着研究的持续深入，构建了越来越多的分析模型，通过对模型进行修改和更新以便更好地描写客观现象。比如，出现了正态肩形曲线模型（Normal Ogive Model）、Rasch模型、Logistic模型及等级反应模型（Graded Response Model，GRM）。这些模型的兴起，使项目反应理论的应用范围更加广阔，这也使得项目反应理论比经典测量理论更加灵活（Murray，2015）。

（二）项目反应理论模型

1. 正态肩形曲线模型

第一个项目反应理论建立的时间是20世纪50年代，创始人洛德（Lord）建立了基于项目反应理论的双参数曲线模型，S形的特征曲线呈现出中心对称的状态，因此可以用正态分布函数来对比进行表达，对应的模型表达公式为

$$P_i(\theta)=\int_{-\infty}^{a_i(\theta-b_i)}\frac{1}{\sqrt{2\pi}}e^{-\frac{Z^2}{2}}dz \tag{4-4}$$

此理论具备很好的实际参考价值，其中i表示题号，P_i（θ）表示特质发生的概率，θ表示潜在的特质和能力，等号右边为正态分布函数，函数积分的上限为a_i（$\theta-b_i$），取值范围为正无穷到负无穷，其中a_i、b_i表示项目的参数信息，特征发生的概率在0~1，特别注意的一点就是分布函数只是特征曲线的表现形式，因此其中的特质θ并不一定满足正态分布（Samantha et al.，2017）。

2.Rasch模型

拉希（Rasch）来自丹麦，被认为是最早独立研究项目反应模型并获得巨大成功的学者之一。拉希认为，假定一个项目的难度为δ，被试的能力为θ，则对该项目能够成功解决的概率为

$$P(u=1|\theta)=[\theta/\delta]/[1+\theta/\delta] \tag{4-5}$$

对应的概率随着θ的增加而增加，考虑到经验量表存在经验的不足，为了更好地解决这个问题，在量表分析时引入了对应的参数，令

$\theta = \ln\theta, \delta = \ln\delta$

稍作整理即可得

$$P_i(\theta) = \exp(\theta - \delta) / [1 + \exp(\theta - \delta)] \qquad (4\text{–}6)$$

Rasch 模型的能力参数和项目难度之间存在着显著的相关关系，满足正态函数的分布，根据项目的难度和能力水平的高低推导出正确完成项目的概率，同时在运算的过程中，不借助现有函数，整个模型的分析和研究中只有一个项目难度的参数。经过验证此模型的适用性很强，对线性系统进行分析时的效率和准确率很高，能够满足分析的要求（吕晓君，2017）。

3.Logistic 模型

1957 年到 1958 年，伯恩鲍姆对正态肩形曲线模型进行了分析和优化，最终变形为 Logistic 模型，其对应的公式模型为

$$P_i(\theta) = \exp[Da_i \cdot (\theta - b_i)] / \{1 + \exp[Da_i \cdot (\theta - b_i)]\} \qquad (4\text{–}7)$$

其中，D=1.7，参数 a_i 和 b_i 的意义与正态肩形曲线模型中保持一致，为了规避低能力被试者在参与题目作答时出现 0 的现象，伯恩鲍姆在对模型进行设计的过程中引入了概率参数 c，最终的模型为

$$P_i(\theta) = c_i + (1 + c_i) / \{1 + \exp[-Da_i \cdot (\theta - b_i)]\} \qquad (4\text{–}8)$$

这就是常用的三参数 Logistic 模型，其中 c_i 参数对应的为模型的下渐近线，当 $\theta = b_i$ 时，模型对应的结果（Muchlinski，2016）。

$$P_i(\theta) = (1 + c_i) / 2 \qquad (4\text{–}9)$$

4. 等级反应模型

赛米基玛（Samejima，1969）提出了一个等级反应的项目反应理论模型，其中一个项目具有 m 个反应类别。被试者只能选择一种类别，对于二分的反应模型，有两个项目反应函数。在两参数 Logistic 模型下，用于正确反应的项目反应函数 P_{xi}（θ）定义为

$$P_{xi} = \{1 + \exp[-a_j(\theta - b_j)]\}^{-1} \qquad (4\text{–}10)$$

其中，a_j 是项目 j 的区分参数，b_j 是项目 j 的难度参数，并且 θ 是潜在特质。

在对反应类型进行分析时，赛米基玛假定分析中的每个反应类型都对应一

个特征曲线，当项目 i 对应的反应类型有 m+1 种时，则得 x_i=0，1，…，m 时，模型此时的得分概率为 x_i，此时的类别反应函数为

$$P_{xi}(\theta)=P_{xi}^{*}(\theta)-P_{xi+1}^{*}(\theta) \tag{4-11}$$

多级评分参数对应的模型为

$$P_{xi}=\frac{\exp\left[-Da_j\left(\theta-b_{xj+1}\right)\right]-\exp\left[-Da_j\left(\theta-b_{xj}\right)\right]}{\left\{1+\exp\left[-Da_j\left(\theta-b_{xj}\right)\right]\right\}\left\{1+\exp\left[-Da_j\left(\theta-b_{xj+1}\right)\right]\right\}} \tag{4-12}$$

其中，a_j 代表的为第 j 个项目的区分度，b_j 代表的为第 x_j 个等级的等级难度，每个项目不同等级之间的区分度保持一致（王晓庆，2016）。

（三）项目反应理论模型的参数估计方法

使用项目反应理论模型对不同参数进行分析是最基础也是最关键的环节，在对参数进行估计时可以采取反应矩阵辅助分析，根据被试者对题目作答的情况，推导出被试者的能力参数和反应水平，IRT 参数估计法在使用的过程中主要有以下几种：极大似然估计、EM 算法、贝叶斯估计以及基于 MH-RM 的贝叶斯期望双重最大算法（Bayesian Expectation-Maximization Based on the MH-RM Algorithm，BEMM-MH-RM）等。

1. 贝叶斯参数估计

由于极大似然估计法存在一定的缺点，在实际分析的过程中输出的结果存在误差，为了更好地解决这个问题，贝叶斯估计法出现了。利用贝叶斯原理推导出的贝叶斯估计法在确定被试者能力参数和反应水平时更加高效，然后再联合极大似然估计法求取需要的极大值，在利用贝叶斯估计法进行分析的过程中十分关键的环节就是确定参数的分布频率，只有这样才能有效地提升输出结果的准确性，因为当我们对同一测试施测多次之后，我们对于被试的能力有一个大概的估计，这种主观的估计就是先验概率。当对二值计分模型进行分析时，贝叶斯估计法有很大优势，能得出相对准确的结果，但是当采取的计分方式为等级计分时，由于每个题目的侧重点不同，其中也没有规律可循，此时使用贝叶斯估计法就无法得出准确的答案，而且项目的参数分布很难确定（汉布尔

顿，1985）。而后验分布则是在抽样以后的结果，可以看作用总体信息和样本信息（综合称为抽样信息）对先验分布做调整的结果（Candy，2016）。

贝叶斯定理可以使用下面的公式为

$$P(B|A)=P(A|B)P(B)/P(A) \tag{4-13}$$

其中，B 可以表示为能力参数 θ_j，A 可以表示为项目反应 u，将对应的参数导入贝叶斯公式，则得

$$P(\theta_j|u)=P(u|\theta_j)P(\theta_j)/P(u) \tag{4-14}$$

由于 θ_j 是连续变化的量，因此式（4–14）符合密度函数的定义，对其进行变形分析，则得

$$f(\theta_j|u)=f(u|\theta_j)f(\theta_j)/f(u) \tag{4-15}$$

其中，$f(\theta_j)$ 对应的为 θ_j 的先验概率密度，$f(\theta_j|u)$ 代表的为 θ_j 的后验概率密度，此时，$f(u|\theta_j)$ 还可以表示为似然函数 $L(u|\theta_j)$，将其导入到公式，则得

$$f(\theta_j|u)\propto L(u|\theta_j)f(\theta_j) \tag{4-16}$$

对上述公式进行分析，测验密度∝似然函数和先验密度的乘积，当存在 N 个对应的项目需要分析时，则公式为

$$F(\theta_1,\theta_2,\ldots,\theta_n|u_1,u_2,\ldots,u_n)\propto L(u_1,u_2,\ldots,u_n|\theta_1,\theta_2,\ldots,\theta_n)f(\theta_1,\theta_2,\ldots,\theta_n) \tag{4-17}$$

由于被试的能力存在不同而且是相互独立的，则得

$$f(\theta_1,\theta_2,\ldots,\theta_n)=f(\theta_1)f(\theta_2)\ldots f(\theta_n) \tag{4-18}$$

同时假定能力符合正态分布，且对应的平均值为 0，标准差为 1，则对应的常态密度函数可以表示为

$$f(\theta_j)\propto\exp(-\theta_j^2/2) \tag{4-19}$$

将其代入到后验公式中进行计算，则得到

$$f(\theta_1,\theta_2,\ldots,\theta_n|u)\propto L(u|\theta_1,\theta_2,\ldots,\theta_n)\left[\exp\left(-\Sigma\theta_j^2/2\right)\right] \tag{4-20}$$

对公式两边求偏导，则得到

$$\frac{\partial}{\partial\theta_j}\ln f(\theta|u)=0 \tag{4-21}$$

$j=1, 2, \cdots, n$

使用牛顿 – 拉普森迭代法对方程进行求解，则对应的数值就是能力参数的估计值，同时可以使用此种方式对其他的参数进行求解分析。

2. 朴素贝叶斯算法

朴素贝叶斯模型（Naive Bayesian Model，NBM）是一种简单但极为强大的预测建模算法。此建模算法以贝叶斯理论为基础，首先假定特征参数之间是相互独立的，然后基于此给出指定的训练集，模拟输入到输出的概率分布，然后根据概率的分布构建对应的分析模型，当输入 x 时，模型输出的结果为后验概率的最大值（Li，2010）。

假定样本的数据集对应的 $D=\{d_1, d_2, \cdots, d_n\}$，对应的属性集为 $X=\{x_1, x_2, \cdots, x_d\}$，其中的变量参数为 $Y=\{y_1, y_2, \cdots, y_m\}$，其中 $x_1, x_2, \cdots, x_d$ 之间相互独立且随机，则 Y 的先验概率 $P_{prior}=P（Y）$，Y 的后验概率 $P_{prior}=P（Y|X）$，由朴素贝叶斯算法可得，后验概率可以由先验概率 $P_{prior}=P（Y）$、证据 $P（X）$、类条件概率 $P（X|Y）$ 计算出

$$P(Y|X)=\frac{P(Y)P(X|Y)}{P(X)} \tag{4-22}$$

朴素贝叶斯基于各特征之间相互独立，在给定类别为 y 的情况下，式（4-22）可以进一步表示为

$$P(X|Y=y)=\prod_{i=1}^{d}P(x_i|Y=y) \tag{4-23}$$

由式（4-22）和式（4-23）可以计算出后验概率为

$$P_{post}=P(Y|X)=\frac{P(Y)\prod_{i=1}^{d}P(x_i|Y)}{P(X)} \tag{4-24}$$

由于 $P（X）$ 的大小是固定不变的，因此在对输出的后验概率进行对比分析时，可以忽略分母，直接进行分子间的比较，得到的朴素贝叶斯计算公式为

$$P(y_i|x_1,x_2,\ldots,x_d)=\frac{P(y_i)\prod_{j=1}^{d}P(x_j|y_i)}{\prod_{j=1}^{d}P(x_j)} \tag{4-25}$$

3.MCMC 算法

随着研究的深入，人们对参数估计的要求也在不断增加，马尔科夫链蒙特卡洛（MCMC）算法的出现很好地解决了现行估计法中存在的问题和不足，为后续的研究提供了有效的指导。

在统计学中，马尔科夫链蒙特卡洛算法旨在从给定的概率分布中生成样本，这是指从一个非正态的概率分布中生成样本，该概率分布可以仅由一个因子定义而成（Panigrahi，2017）。该方法名称中的“蒙特卡洛”部分是出于取样目的，而“马尔科夫链”部分来自获取这些样本的方式。为了得到样本，要建立一个马尔科夫链，从其平稳分布中获得样本。然后，可以从马尔科夫链中模拟随机的状态序列，该序列足够长，几乎能够达到稳态，再保留生成的一些状态作为样本。在随机变量生成技术中，MCMC 是一种相当高级的方法，可以从一个非常困难的概率分布中获得样本，这个概率分布可能仅由一个乘法常数定义。还可以用 MCMC 从一个未经标准化的分布中获得样本，这来自于定义马尔可夫链的特定方式，马尔可夫链对这些归一化因子并不敏感。

MCMC 算法在对参数进行估计分析的过程中具备更大优势，主要是因为有计算机模拟技术的辅助，直接使用初等算法对模型的数值进行估计，可以有效地提升估计的效率，同时避免了 EM 算法中存在的干扰问题，估计的成功率也有所提升（王鹏，2015）。但是在使用 MCMC 算法时要特别注意，参数的分布对估计的准确性有显著影响，因此，如果前期的参数分布不合理，存在较大误差，最终得到的估计数值的准确率也会下降。

4. 基于 MH-RM 的贝叶斯期望双重最大算法

蔡（Cai，2008）等人将 MCMC 方法、Robbins-Monro 算法及 EM 算法中的一些原理和方法相互结合，最终提出了 Metropolis-Hastings 算法，与传统的贝叶斯算法相比，新算法采取并行抽样的方式进行数据的搜集，然后使用积分法对数据进行分析，同时为了保证输出结果的准确性，新的算法还引入了被试能力的变量参数，然后基于此求出变量的期望，实现似然函数的拆分，从而缩小估计的范围，提升估计的准确率，同时使用两次最大化步骤对得出的结果进行连续迭代，估计结果的稳定性得到了进一步提升（郭少阳，2018）。

在进行估计时，MH–RM 一般有以下两个主要的步骤，前者主要是对高维积分进行计算，后者主要是对相关的参数进行迭代分析，蔡（Cai，2008）认为此种分析方式特别适合对那些参数缺失的函数进行处理，然后利用 RM 法对估计的结果进行迭代，可以更好地提升估计分析的结果，Newton–Raphson 迭代可能存在参数丢失的问题进而影响估计结果的准确性，而 RM 算法则不会存在这个问题，迭代的稳定性更强。

（四）基于项目反应理论模型的主动性人格测量方法

1. 测评目标

本测评是基于项目反应理论对主动性人格进行测评，本次测评中将问卷调查的结果作为测评的自变量，将分类的标准作为系统的因变量，然后选择支持向量机模型进行文本信息的分类，最后对分类的结果进行检验。

2. 测评工具

大学生主动性人格问卷采用商佳音和甘怡群（2009）完成的主动性人格问卷，此问卷基于贝特曼等（Bateman et al.，1993）编制的测试量表修订而成。其中的量测项目一共 11 个，采取 0 ~ 7 的计分方式，0 代表“非常不同意”，7 代表“非常同意”，对问卷中的得分情况进行加总，总分越高则表明被试者的主动性人格水平越高，经过效度分析，本次量表的一致性系数为 0.875，符合分析的需要。

在进行本测评的过程中将项目难度和区分度使用 Python 软件进行估计，并且将他们作为固定参数在文本 –IRT 测评方法中继续使用，进行难度和区分度参数估计时采用基于 MH–RM 的贝叶斯法则估计法，采取并行抽样的方式进行数据的分析，模型构建的效率更高，同时 Metropolis–Hastings 还能对高维积分进行计算，保证数据分析的效率。采取 Robbins–Monro 方法进行数值的估计，准确率有了很大的提升。同时，问卷的所有问题并不都适合用来进行参数估计，因此需要筛选一定量的题目进行参数估计任务。11 个题目有 2 的 11 次方种组合，穷举所有组合耗费时间不是很高，因此在对问卷中的11个题目使用穷举搜索以找出最优的结果，第1、5、6、8、9、11题目的组合使最后分类的准确性最高，所以只保留这6个题目进行下面的参数估计。

3. 测评程序

分别将项目参数和被试在主动性人格问卷的作答反应作为输入数据，采取最大的后验估计进行能力参数估计。与最大似然估计类似，但是在似然函数后面多乘了一项，即参数的先验分布，因此可以将最大后验估计看成最大似然估计。

最大似然估计认为使似然函数 $P(X|\theta)$ 最大的参数 θ 即为最好的 θ，此时最大似然估计是将 θ 看作固定的值，只是其值未知；最大后验概率分布认为 θ 是一个随机变量，即 θ 具有某种概率分布，称为先验分布，求解时除了要考虑似然函数 $P(X|\theta)$ 之外，还要考虑 θ 的先验分布 $P(\theta)$，因此其认为使 $P(X|\theta)P(\theta)$ 取最大值的 θ 就是最好的 θ（Helin et al.，2014）。此时要最大化的函数变为 $P(X|\theta)P(\theta)$，由于 X 的先验分布 $P(X)$ 是固定的（可通过分析问卷信息获得），因此最大化函数可变为 $\frac{P(X|\theta)P(\theta)}{P(X)}$，根据贝叶斯法则估计法要最大化的函数是 $P(X|\theta)$，最大后验概率估计的公式为

$$\underset{\theta}{\operatorname{argmax}} P(\theta|X)=\underset{\theta}{\operatorname{argmax}}\frac{P(X|\theta)P(\theta)}{P(X)}\infty\underset{\theta}{\operatorname{argmax}} P(X|\theta)P(\theta) \tag{4-26}$$

因为IRT估计的主动性人格量表中的能力参数为连续值，而基于文本挖掘的测评方法中的分类标签为类别变量，因此在分析的时候采用SVM（Support Vector Machine，支持向量机）这一类按监督学习（Supervised Learning）方式对数据进行二元分类的广义线性分类，将 θ 作为输入数据，并将分类标签作为学习目标进行模型训练。

五、基于文本挖掘的项目反应理论与主动性人格测量

（一）基于文本挖掘的项目反应理论概述

将文本挖掘和项目反应模型相结合是一种在一个系统框架中处理结构化和非结构化数据的新方法。如图 4-3 所示，主动性人格的个体分析过程包括三个主要的阶段，分别是文本的分类和分类效果的验证，最终输出主动性人格水平的后验估计。贝叶斯方法对于这种分层结构的估计特别有用。按照流程图中的箭头，在贝叶斯框架中组合了文本分析和项目反应模型，其中，在文本分类中获得的每个自我书写文本和微博文本得分作为分析的先验数据，然后利用项目反应理论对数据进行分析，估计出准确作答的概率，得到的对应公式为

$$P(\theta|x,y)=p(x|\theta,\alpha,\beta)g(\theta|y) \tag{4-27}$$

通过对上述的公式进行分析可得，其中字母 y 代表个体的得分情况，$g(\theta|y)$ 就是基于个体的得分情况构建的分析模型，α 和 β 分别代表项目区分度和难度系数，$p(x|\theta, \alpha, \beta)$ 代表算法的似然函数（He，2013；Zhang et al.，2019）。

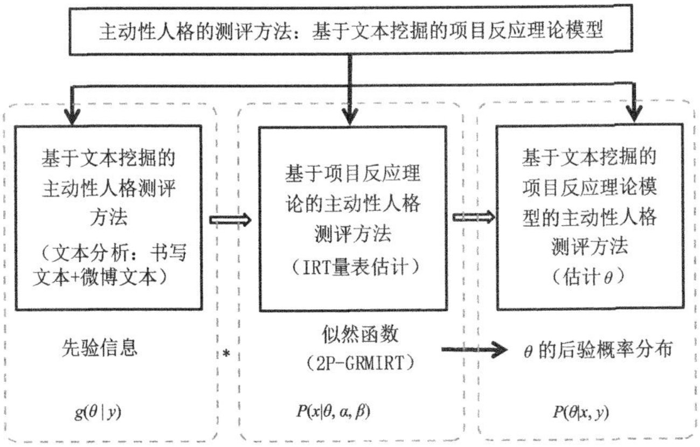

图 4-3　主动性人格测评方法示意图

（二）测评背景

随着信息技术的发展和兴起，数据也呈现出爆炸式的增长，文本的种类不断增加，这就对数据的分析提出了更高的要求。这些文本数据中往往隐藏着重

要的信息，合理利用这些信息会给企业带来更大收益，因此如何从海量的数据中淘金成为了热门的研究话题，其中的难点就是如何更好地对数据进行分类、整理及特征提取。推特的推出时间为 2006 年，从此打开了网络社交的新篇章。国内新浪公司发布的微博平台受到了市场的广泛关注和讨论，这种新兴的信息传递和沟通方式大大激发了人们的信息发布欲望，成为现象级的国民应用。微博中的信息主要是以短文本的形式存在，很多时候一个句子、一段话甚至一个词就构成了微博内容，整体的形式类似于推特，但是在研发和设计的过程中，考虑到了我国人民的实际需求，因需求做出不同设计。其操作简单快捷的特点在应用推广的初期受到了市场的广泛关注，又加之国内微博用户很多，微博文本信息体量迅速增长。根据相关的统计数据显示，微博平台每天的发送信息量超过一亿条，对如此多的信息进行运算不仅需要强大的硬件支持，同样还需要更加优化的算法，只有这样才能从海量的数据中获取我们需要的有价值的信息。随着技术的发展和人们需求的增加，微博平台的功能也在不断完善，用户可以使用微博平台发布动态和评论，甚至当个人遇到危险情况时，可以使用微博平台紧急求救（张剑峰，2012）。

美国教育考试服务中心（Educational Testing Service，ETS）学者何（He，2013）在开展的心理测量活动中提到，即使是一些非结构化的文本信息也蕴藏着巨大的可挖掘价值，在自己的实验过程中，何（He）搜集了 300 份的关于个体创伤事件的文本信息，然后基于此进行分类以及特征提取，利用文本的信息完成了对创伤后应激障碍（Post-Traumatic Stress Disorder，PTSD）患者的筛查和确认，最终的结果显示筛选的成功率高达 85%。

在主动性人格的测量方面，大部分的测量都是依托传统的问卷进行，对问卷的分析也都基于经典测量理论。一方面，经典测量理论具有便捷性、标准统一的特点；另一方面，经典测量理论也存在社会赞许效应和生态效度不高等缺点。此外，从统计学的角度来看，测量的误差具有唯一性，因此对其进行估计是非常困难的。项目反应理论是一种新兴的心理与教育测验理论。它有效克服了经典测量理论存在的局限，并在此基础上进行了算法的更新和优化，可以对非线性模型进行更加准确的分析和估计，更好地满足了现代分析的需求（孙晓敏等，2009）。项目反应模型中的项目参数的估计独立于被试样本，即对被试能力的估计不取决于题目的难度。即使测量的结果存在不同，也可以直接进行对比，将项目的难度参数和能力参数同时引入模型中进行分析，可以有效提升模型分析结果的准确性，对于后续的研究有很大的帮助。

综上所述，对于主动性人格的测量不仅要关注客观的问卷方式，而且还要关注被试者的主观方面。因此，本测评将主客观两个方面进行结合，将文本分析与项目反应理论作为主动性人格的主观测量和客观测量。在此基础上，对于主观测量方面本测评除了收集被试的自述文本，还获取了他们的微博文本信息使得出的结果更具生态效度。

（三）基于文本 -IRT 结合的主动性人格测量方法

1. 测评目标

本测评是基于贝叶斯理论进行的，将基于文本挖掘的测评方法中得到的分类结果作为研究的先验数据，然后使用被试者的项目反应结果作为输入数据，最后使用 MH-RM 估计法对被试者的能力参数进行估计，用朴素贝叶斯分类器进行分类，检验文本分类与项目反应理论结合模型测量方式是否有效，同时检验当模型中增加先验信息时是否会对估计结果的准确性产生影响。

2. 测评工具

问卷部分采用的《大学生主动性人格》中的题目，文本部分采用的自编的有关于主动性人格的问题和微博信息，使用 Python 软件进行项目反应理论能力参数的估计，此软件使用贝叶斯估计法完成估计任务。

3. 文本 -IRT 结合方法原理

本次测评构建了分析的贝叶斯框架，然后在此框架下对文本分析和项目反应理论进行逐个分析，使用朴素贝叶斯算法对模型的结果进行估计。在贝叶斯框架中结合了文本挖掘的数据和问卷调查数据，其中基于文本挖掘的测评方法由文本挖掘得出的文本分数作为先验信息输入到由问卷信息得出的分布中，该分布是基于项目反应理论的测评方法且通过使用项目反应理论分析问卷项目测得的模型（He et al.，2014）。项目反应理论和文本挖掘的结合是一种在筛选阶段提高测量精度的有效方法。若在文本挖掘阶段能够训练出较高准确性模型，可以进一步提高之后鉴别高低主动性人格的准确率。

贝叶斯框架下，先验分布及似然比的乘积与特质的后验分布呈现正比的关系，对应的公式见式（4-27）。

其中 x 表示问卷的作答矩阵，y 表示文本的得分情况，$g(\theta|y)$ 表示文本的先验信息，α 和 β 分别表示整个项目的难度水平和区分度情况，$p(x|\theta, \alpha, \beta)$ 表示模型的似然方程。根据上面的公式我们可以建立如下的线性回归模型，则得

$$\theta_n = b_0 + b_1 y_n + \epsilon_n \tag{4-28}$$

其中，b_0 和 b_1 分别代表方程的回归系数和截距，假定测试的总数为 N 且符合正态分布，则当文本的类型固定时，θ_n 则满足方程的正态分布，则得

$$\theta_n \mid y_n \sim N\left(b_0 + b_1 y_n, \sigma_2\right) \tag{4-29}$$

式（4-29）可以被用来表示主动性人格内在特质的先验分布状况。获取到潜在特质参数后，与之前的先验信息一起构造了两个特征用以分类。

4. 文本与 IRT 结合方法程序

当需要对样本的内在特质估计时，可以采取 MH-RM 估计法，同时利用 Python 软件内部的程序完成参数估计。由于在进行参数估计时所用的分布是基于项目反应理论的测评方法得出的，所以需要使用基于项目反应理论的测评方法中得出的难度和区分度信息。同时为了验证当引入先验信息时是否会提高估计的准确度，可以在基于项目反应理论的测评方法中增加能力参数数据，然后将得到的结果和贝叶斯估计法得到的结果进行比较完成验证。

六、结论

（一）基于文本挖掘的主动性人格测评

本方法在对信息进行挖掘的过程中，确保得到的信息准确可靠，然后基于此完成信息的预处理及处理工作，从海量的数据中分析出想要的结果，提取有价值的信息加以利用，是数据挖掘中的一种方法。同时新浪微博是时下信息交流的主要平台之一，它主要以 140 字以内的短文本为主，具有用户量庞大、消息传递速度迅速、信息覆盖面广等特点（孔雪娜等，2017）。本测评将文本信息与微博文本结合作为主动性人格的主观测量方面，采用支持向量机类的机器学习算法同时结合交叉验证算法完成信息文本的分类工作，并且构建分类的模型，验证获得分类有效性。何（He，2013）曾在著作中提到，使用贝叶斯分类方式对 PTSD 患者进行筛选，准确性大约为 0.700，反观本测评的文本分类三种方法准确率均在 0.750 以上，高于何（He）的研究。原因可能来自两个方面：首先，在收集文本信息的时候无论是对于问卷上问题的回答还是微博信息，基本都将文字控制在 150 字以内，而且样本量适中在 1000 以内（Liliya et al.，2016）；其次，支持向量机更适合做短文中等样本量的分类（韩家新等，2004）。另外在选择样本时用了 901 个被试，每个被试者回答四个问题并获取其 5.5 条微博，从样本量和信息的丰富程度上来讲要优于之前的研究。在三种方法的比较中，书写文本与微博文本结合分类的准确率高于其余两种，这与预期相符合，即随着信息量和信息种类的增加对于预测个体的主动性人格更加有效。仅用书写文本分类的准确率高于仅用微博文本，这或许是因为文本信息是按照事先规定的问题进行有针对性的作答，而微博信息开放程度比较高，其中包含了与主动性人格无关的信息会干扰分类（丁晟春等，2016）。

分类的敏感性和特异性决定了分类结果的准确性，在文本分类三种方法中，每种方法的敏感性均小于特异性，表明文本分类比较适合鉴别低主动性人格。

（二）基于项目反应理论的主动性人格测评

本测评主要的目的是检验先验信息的导入是否可以提升估计结果的准确率，因此在分析的过程中，本测评没有加入先验信息，只是做了基本水平的对比，结果显示从问卷作答上来看，大学生的能力特质区间在［-3.998，1.962］，平均数为 -0.003 且未出现较大浮动。这表明大学生的主动性人格处于中等偏下水平，对于追求学业和职业上的成就都是中等左右的积极程度，既不会迫切要求改变自身适应环境，也不会任由外界因素干扰，多数选择按部就班地度过大学生活（邢靖等，2018）。

IRT 的分类方式是基于传统问卷的测量方式，其准确率在 0.600 左右，与文本分类相比有不小差距，可能原因是问卷中的七点计分的计分方式不能充分反映被试者的内心想法，所包含的信息量与文本信息相比较少，在针对学生心理状态进行测量时，学生的日记、备忘录及日常记录等相关文本也能提供有价值的分析信息（He，2013）。

（三）基于文本 -IRT 结合的主动性人格测评

本测评是探索的新的测量主动性人格的方法，希望把文本挖掘和项目反应理论相结合，得出一种从主客观两方面的评价方式，可以使个体心理状态的判定更加准确，以此来提升模型预测的效率，具体的流程如下：将基于文本挖掘的主动性人格测评方法中得到的分类结果作为先验信息，项目反应理论得到的参数作为输入，然后采取朴素贝叶斯完成文本分类结果的检验。本测评方法中能力参数在［-3.999，3.512］范围内，平均数值恒定在 0.040，结果显示，大学生的个人主动性从水平上看属于中等偏上，也就是说大学生具有在生活和学习中主动求变的倾向，与以往的研究结果一致（吴洁清，2016）。

在对文本与 IRT 结合的三种方法比较中可知，分类准确性分别为 0.731、0.693 和 0.849，将书写文本与微博文本作为先验信息进行模型训练的效果显然好于它们分别作为先验信息，可见随着信息的丰富分类的准确性也会有显著提升，通过对比三种不同的分类方式，“书写文本 +IRT”的敏感性最高，可见将文本作为先验信息对于鉴别高主动性人格的个体有优势。同理，“书写文本 + 微博文本 +IRT” 的特异性最高，可用作鉴别低主动性人格。对于本测评新提出的主动性人格方法的有效性主要指的就是分类的效度问题，一般情况下，当效度系数大于 0.4 则表明数据的一致性程度较高（王洋等，2011），而本测评方法中主动性人格与新提出的分类标准的相关系数为 0.423，所以校标关联效度符合要求。综上所述，文本与 IRT 起来分类准确性较高，对于高低主动性人格的个体都有不错的鉴别能力，因此，我们认为将文本与 IRT 结合能够作为主动性人格的测评方法。

（四）三种主动性人格测评方法的比较

在三种测评方法中，准确率、敏感性和特异性三个指标具有更高的参考价值，因此在对三种方法中的七种分类方式进行比较时主要聚焦这三个指标。

在准确率方面，文本分类的三种方法均高于 0.750，而仅使用 IRT 对主动性人格问卷进行潜在特质的估计，准确率为 0.602；两者相比较文本分类的效果显然比 IRT 分类好。这可能是因为本次使用的问卷题目较少，这些题目涉及方面有限，无法全面地测量个体主动性人格。而非结构化的文本信息由于对问题的答案没有做内容上的限制，使被测个体能够在多方面阐述自己的主动性人格的理解（李尚昊等，2016）。三种测评方法均假设在加入先验信息后能够提高问卷测量的准确率，从结果中可以看到文本和 IRT 结合分类中的三种方法的准确率均高于仅使用 IRT 的准确率，符合之前的假设。可见，在传统问卷的基础上补充一定数量的文本信息能够使测量更为全面，对于筛选具有某种特点的个体有较高准确率。在七种具体方法中，把书写文本、微博文本和 IRT 结合的准确率高于其余方法，所以不同种类的文本信息与 IRT 结合是评价主动性人格最理想的方法。

在敏感性方面，仅使用 IRT 的准确率与文本分类接近且高于文本分类中的两种方法（书写文本和微博文本），说明在鉴别高主动性人格方面，IRT 分类与文本分类具有接近的效果。但无论是 IRT 还是文本分类，其敏感性均低于文本与 IRT 结合的三种方法。尤其是“书写文本 +IRT”的敏感性达到了 0.821，可见将文本信息作为先验概率与 IRT 结合在对主动性人格进行评测时敏感性有了显著提升。

从特异性角度进行分析，文本分类的三种方法最低也达到了 0.900，与仅使用 IRT 和文本与 IRT 结合的两种方法相比其优势十分明显，因此文本信息可能更能反映出低主动性人格的特点。

综上所述，文本分类、IRT 及文本与 IRT 结合方法在敏感性、特异性和准确率上各自体现了不同的优势，基于项目反应理论提出的主动性人格评测方式能更加高效地进行主动性人格的测评。三种测评方法在设计问题时仅从定义出发设计了较为宏观的四个问题，在以后的研究中，可以进一步把问题与实际生活联系，从更微观的角度评价参与测评者。同时，在一般企业招聘时会收集应聘者客观的问卷信息与主观的阐述，如果在评价时能够运用文本分类与项目反应理论结合的方法就能更加有效地筛选出适合企业的员工。

七、主动性人格测评在大学生生涯与创新创业中的应用

以往大量研究表明，主动性人格与职业生涯的关系是主动性人格研究的重要方向，因此，大学生在生涯发展时，考虑自身的主动性人格，教师在指导生涯规划时，了解学生的主动性人格情况十分重要。主动性人格测评是一种用于评估个体主动性特征的工具，可以应用于大学生生涯规划和创新创业的各个阶段，帮助大学生了解自己的主动性特征和性格优势，提高自我认知和决策能力。此外，主动性人格测评还可以用于研究领域，通过对大量大学生的测评数据进行分析，探究不同社会文化背景下大学生主动性特征的差异和影响因素，为生涯规划和创新创业的政策制定和推广提供理论支持。

第二节　创造力测验

一、威廉斯创造力倾向量表

威廉斯创造力倾向量表如表 4–1 所示。

请在不符合、部分符合、完全符合中做出一个与你情况最为符合的选项，根据真实的感觉回答，不必花太多时间深入思考。

表 4–1　威廉斯创造力倾向量表

调查内容	不符合	部分符合	完全符合
1. 在学校里，我喜欢试着对事情或问题作猜测，即使不一定都猜对也无所谓。			
2. 我喜欢仔细观察我没有看过的东西，以了解详细的情形。			
3. 我喜欢听变化多端和富有想象力的故事。			
4. 画图时我喜欢临摹别人的作品。			
5. 我喜欢利用旧报纸、旧日历及旧罐头等废物来做成各种好玩的东西。			
6. 我喜欢幻想一些我想知道或想做的事。			
7. 如果事情不能一次完成，我会继续完成尝试，直到成功为止。			
8. 做功课时我喜欢参考各种不同的资料，以便得到多方面的了解。			
9. 我喜欢用相同的方法做事情，不喜欢去找其他的新的方法。			
10. 我喜欢探究事情的真假。			
11. 我不喜欢做许多新鲜的事。			
12. 我不喜欢交新朋友。			
13. 我喜欢一些不会在我身上发生的事情。			
14. 我喜欢想象有一天能成为艺术家、音乐家或诗人。			

续表

调查内容	不符合	部分符合	完全符合
15. 我会因为一些令人兴奋的念头而忘记了其他的事。			
16. 我宁愿生活在太空站，也不喜欢在地球上。			
17. 我认为所有的问题都有固定的答案。			
18. 我喜欢与众不同的事情。			
19. 我经常想知道别人正在做什么。			
20. 我喜欢故事或电视节目所描写的事。			
21. 我喜欢和朋友一起，和他们分享我的想法。			
22. 如果一本故事书的最后一页被撕掉了，我就自己编造一个故事把结局补上去。			
23. 我长大后，想做一些别人长大从来没想过的事情。			
24. 尝试新的游戏和活动，是一件有趣的事。			
25. 我不喜欢太多的规则限制。			
26. 我喜欢解决问题，即使没有正确的答案也没关系。			
27. 有许多事情我都很想亲自去尝试。			
28. 我喜欢没有人知道的新歌。			
29. 我喜欢在班上同学面前发表意见。			
30. 当我读小说或看电视时，我喜欢把自己想象成故事里的人物。			
31. 我喜欢幻想 200 年前人类生活的情形。			
32. 我常想自己编一首新歌。			
33. 我喜欢翻箱倒柜，看看有些什么东西在里面。			
34. 画图时，我很喜欢改变各种东西的颜色和形状。			
35. 我不敢确定我对事情的看法都是对的。			
36. 对于一件事情先猜猜看，然后再看是不是猜对了，这种方法很有趣。			
37. 玩猜谜之类的游戏很有趣，因为我想要知道结果如何。			
38. 我对机器有兴趣，也很想知道它里面是什么样子，以及它是怎样转动的。			
39. 我喜欢可以拆开的玩具。			
40. 我喜欢想一些点子，即使用不着也无所谓。			

续表

调查内容	不符合	部分符合	完全符合
41. 一篇好的文章应该包含许多不同的意见和观点。			
42. 为将来可能发生的问题找答案，是一件令人兴奋的事。			
43. 我喜欢尝试新的事情，目的只是为了想知道会有什么结果。			
44. 玩游戏时，通常是有兴趣参加，而不在乎输赢。			
45. 我喜欢想一些别人常常谈过的事情。			
46. 当我看到一张陌生人的照片时，我喜欢去猜测他是怎样一个人。			
47. 我喜欢翻阅书籍及杂志，但只是知道它的内容是什么。			
48. 我不喜欢探询事情发生的各种原因。			
49. 我喜欢问一些别人没有想到的问题。			
50. 无论在家里或在学校，我总是喜欢做许多有趣的事。			

威廉斯创造力倾向测量表在大学生生涯与创新创业中的应用。威廉斯创造力倾向测量表通过测验个人的一些性格特点，包括冒险性、好奇心、想象力和挑战性，测量个人的创造性倾向。它可以用来发现那些有创造性的个体。高创造力的个体在进行创造性工作时更容易成功，低创造力的个体则循规蹈矩，更适合进行常规性的工作。趋向冒险，好奇心强，想象力丰富，勇于挑战未知的人就是创造性倾向强的人。在创新创业实践中，高创造力倾向的人更有可能进行相关的创新创业活动。因此，了解大学生的创造力倾向，并进行有针对性的引导十分必要。

二、胡卫平创造性人格问卷

（一）请你画出以下八个图形（10 分钟）

圆形：

矩形：

三角形：

椭圆形：

矛盾：

人：

运动：

梦：

（二）请你用 2 个矩形，2 个椭圆形，2 个三角形和三条线来设计一把椅子。每个形状可以任意大小，每条线可以任意长并且可以是弯曲的。如果需要，也可以使用少于九个的组成部分来进行设计（8 分钟）。

（三）切割矩形

请你将以下 4 个矩形用直线分作更小的矩形。其中第一排的两个矩形需要各分成 4 个更小的矩形，第二排的则需要各分成 9 个矩形（6 分钟）。

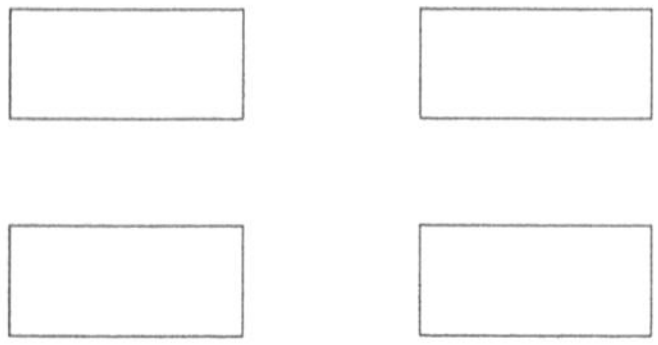

（四）九点图

请你使用直线连接各个点将面积为 4 平方厘米（以九点为界限）分割成面积为 2 平方厘米的区域（6 分钟）。

（五）有两种卫生纸，请用尽可能多的实验方法鉴别哪一种质量好，并写出每种方法所需仪器、实验原理及简单的实验步骤（8 分钟）。

（六）如果没有万有引力，世界将会变成什么样子？（8 分钟）

（七）现在假如允许你乘宇宙飞船去太空旅游，接近一个星球，也可以绕这个星球转动，你准备研究哪些与这个星球有关的科学问题？（8 分钟）

胡卫平创造性人格问卷在大学生生涯与创新创业中的应用。胡卫平提出该模型有三个要素：创造性的过程、创造性的品质和创造性的产品。创造性的过程包含两个因子：想象和思维。创造性的品质包含三个因子：流畅性、灵活性和独创性。创造性的产品包含四个因子：技术产品、科学知识、科学现象和科学问题。胡卫平对科学创造性思维进行了深入分析，认为科学创造性思维主要包括两方面的内容：一是重新安排、组合已有的科学知识，创造出新的知识和形象；二是突破已有的科学知识，提出崭新的见解、设想、思路、观点等。科学创造性思维有两种基本方式：发散思维和集中思维，重点是发散思维。科学创造性思维的过程大体上是一个发散思维和集中思维辩证统一的过程。该问卷可以用于大学生创新创业能力评估，同时也可以作为大学生生涯规划前的辅助测试，利于更好地了解自己是否具备创新的能力、是否能够胜任有关创新的工作。

三、青少年创造性人格问卷

青少年创造性人格问卷如表 4–2 所示。

这是一份帮助你了解自己性格特征的练习。请你每读完一个句子，就在后边你认为最符合你想法的选项上打“√”。注意：根据真实的感觉回答，不必花太多时间深入思考。

表 4-2　青少年创造性人格问卷

调查内容	完全不符合	比较不符合	不能确定	比较符合	完全符合
1. 我喜欢仔细观察我没有看过的东西，以了解详细的情形。					
2. 我认为只要双方同意就可以离婚，不应该受传统礼教的束缚。					
3. 我试图使自己的想法贴近现实，避免不切实际的幻想。					
4. 我把父亲视为一位理想人物。					
5. 筹划事务时，我宁愿自己单独进行。					
6. 在学校里，我喜欢试着对事物或问题作猜测，即使不一定猜对也无所谓。					
7. 面对复杂的情况我常常优柔寡断，举棋不定。					
8. 当众说话会让我不舒服。					
9. 我常想要知道别人正在想什么。					
10. 我对于人或者物的兴趣很容易改变。					
11. 即使在过去那些我曾应付自如的场合，我仍然常常对自己没把握。					
12. 我喜欢做许多新鲜的事情。					
13. 思考问题会让我感到不愉快。					
14. 假如待遇优厚，我愿意专任照料精神病人的职务。					
15. 无拘无束地想一些事情对我来说很困难。					
16. 我喜欢和朋友一起，和他们分享我的想法。					
17. 如果我借到一本引人入胜的小说，会忍不住在上课时拿出来偷看。					
18. 许多时候，我感到自己不像身边许多人那样有本事。					
19. 有很多事情我都很想亲自去尝试。					
20. 我愿选择不需要费力思考的事情，而不愿选择需要进行较多思考的事情。					
21. 我常被自然界或艺术中的美所吸引。					
22. 我怀疑自己能否成为一位好学生。					
23. 尝试新的游戏和活动，是一件有趣的事。					

续表

调查内容	完全不符合	比较不符合	不能确定	比较符合	完全符合
24. 比起大多数人来，我更怀疑自己的能力。					
25. 画图时，我很喜欢改变各种东西本来的颜色和形状。					
26. 我尽力避免那些需要深入思考问题的情况。					
27. 凡是无法运用理智来解决的问题，有时就不得不靠权力来处理。					
28. 某些类型的音乐带给我无尽的遐想。					
29. 我不喜欢太多的规则限制。					
30. 我比我认识的人更自信。					
31. 我喜欢问一些别人没有想到的问题。					
32. 我发现长时间仔细思考让人愉快。					
33. 我有时装作比我实际上懂得多。					
34. 当人们批评我古怪时，我觉得无所谓。					
35. 我喜欢唱没有人知道的新歌。					
36. 我会因为一些令人兴奋的念头而忘了其他的事。					
37. 有时我因为不想当众发言而不举手。					
38. 我长大后，想做一些别人从没做过的事情。					
39. 我只愿意思考那些难度最低的问题。					
40. 我认为不管何人都不应在聚会上喝得酩酊大醉。					
41. 在一个陌生的城市找住址时，我经常参考市区地图。					
42. 我有时决心从第二天开始就做某件事，但到了第二天我的劲头就消失了。					
43. 与同我竞争的大多数人相比，我觉得自己不够出色。					
44. 我对机器有兴趣，也很想知道它的结构和工作原理。					
45. 我喜欢思考一些日常生活琐碎问题，而不是长期性的问题。					
46. 我一向重感情而不重理智，因此我的观点常常动摇不定。					
47. 必须承认，在学习中我常只求能对付过去便可。					
48. 我喜欢独自筹划，避免人家的干涉和建议。					

续表

调查内容	完全不符合	比较不符合	不能确定	比较符合	完全符合
49. 我给自己订的计划常常不能如期完成。					
50. 我喜欢那些学习过的、只需较少思考的任务。					
51. 我的学习效率多有赖于参加团体讨论。					
52. 对于一件事情先猜猜看，然后再看是否猜对了，这种方法很有趣。					
53. 我做事的方式很固定。					
54. 与一群人在一起时，我总想不出恰当的话来说。					
55. 我喜欢尝试新的事情，目的只是为了知道会有什么结局。					
56. 我认为学习和发展新的爱好是一件有趣的事。					
57. 我对自己的要求很高，我觉得别人也该如此。					
58. 玩游戏时，我通常是有兴趣参加，而不在乎输赢。					

青少年创造性人格问卷在大学生生涯与创新创业中的应用。青少年创造性人格问卷的测量群体主要为青少年，可以用于学校、家庭和心理健康机构等场合。青少年创造性人格问卷是一种重要的工具，可以帮助了解和评估青少年的创造性人格特征，为他们的职业规划和职业发展提供指导，同时也可以为研究领域提供重要的数据和理论支持。

第三节　创业倾向测验

一、大学生自主创业意向调查问卷

您好！这是一份关于大学生创业意向的调查问卷，希望能够借助您的意见，了解大学生创业榜样、创业自我效能、创业环境等与创业意向的关系。本问卷采用匿名方式，调查结果仅供测评使用，您提供的任何信息我们都将予以严格保密，不会对您造成任何影响，请您放心填写。

（一）大学生创业榜样调查

大学生创业榜样调查如表 4–3 所示。

表 4–3　大学生创业榜样调查

下面是同学们的创业榜样调查，请根据以下描述与自己实际情况的符合程度，在后面相应的选项上画“√”。（1 表示“是”、0 表示“否”）	是	否
1. 我父亲自己创业。		
2. 我母亲自己创业。		
3. 我有亲戚自己创业。		
4. 我有朋友或同学自己创业。		
5. 我有较熟悉的老师自己创业。		

（二）大学生计划行为理论（TPB）调查

1. 主观规范

主观规范调查如表 4–4 所示。

表 4–4　主观规范调查

下面是同学们对待创业的主观规范调查，请根据以下描述与自己实际情况的符合程度，在后面相应的选项上画“√”。（1 表示“完全不同意”，2 表示“基本不同意”，3 表示“不确定”，4 表示“基本同意”，5 表示“完全同意”）	完全不同意	基本不同意	不确定	基本同意	完全同意
1. 我父母支持我创业。					
2. 我最好的朋友支持我创业。					
3. 我最熟悉的老师对我创业表示支持。					
4. 周围同学都认为创业是不错的职业选择。					

2. 创业态度

创业态度调查如表 4–5 所示。

表 4-5　创业态度调查

下面是同学们对待创业的态度调查，请根据以下描述与自己实际情况的符合程度，在后面相应的选项上画“√”。(1 表示“完全不同意”，2 表示“基本不同意”，3 表示“不确定”，4 表示“基本同意”，5 表示“完全同意”)	完全不同意	基本不同意	不确定	基本同意	完全同意
1. 我希望积累金钱和财富。					
2. 我希望被社会认可。					
3. 我认为创业有利于自我价值实现。					
4. 我希望对家庭做出贡献。					
5. 我希望对社会做出贡献。					

3. 感知控制力

感知控制力调查如表 4-6 所示。

表 4-6　感知控制力调查

下面是同学们对待自我感知控制力的调查，请根据以下描述与自己实际情况的符合程度，在后面相应的选项上画“√”。(1 表示“完全不同意”，2 表示“基本不同意”，3 表示“不确定”，4 表示“基本同意”，5 表示“完全同意”)	完全不同意	基本不同意	不确定	基本同意	完全同意
1. 我信赖自己处理问题的能力。					
2. 我富有创意。					
3. 我拥有创新能力。					
4. 我拥有创业资源。					
5. 如果尽力去做的话，我总是能够解决问题。					
6. 我创业成功的机会很大。					

（三）大学生创业意向

大学生创业意向调查如表 4-7 所示。

表 4-7　大学生创业意向调查

下面是同学们的创业意向调查，请根据以下描述与自己实际情况的符合程度，在后面相应的选项上画"√"。(1 表示"完全不同意"，2 表示"基本不同意"，3 表示"不确定"，4 表示"基本同意"，5 表示"完全同意")	完全不同意	基本不同意	不确定	基本同意	完全同意
1. 大学毕业后，我有意向创办一家企业。					
2. 我在大学毕业后创办一个企业的可能性很大。					
3. 我开始有意识地了解创办一个企业的流程和方法。					
4. 如果我的想法有市场前景，我会创办一个企业。					
5. 如果有足够的资金支持，我会创办一个企业。					
6. 如果有好的合作伙伴，我会创办一个企业。					

大学生自主创业意向调查问卷在大学生生涯与创新创业中的应用。大学生自主创业意向调查问卷是一种用于了解大学生创业意愿和能力的调查工具。该问卷包含多个问题，包括大学生创业榜样调查、大学生计划行为理论调查、大学生创业意向调查三个分量表，涵盖了大学生的个人信息、创业意向、创新创业能力等方面。该问卷可以用于学校、创业孵化器、创新创业竞赛等场合。通过对大学生进行问卷调查，可以帮助了解他们的创新创业意愿和能力，为大学生创业项目的孵化和培育提供重要的参考依据。此外，大学生自主创业意向调查问卷还可以用于研究领域。对大量大学生的问卷数据进行分析，可以探究不同社会文化背景下大学生创业意愿和能力的差异和影响因素，为创新创业政策制定和推广提供理论支持。

第五章　专业发展测量与评价

第一节　专业发展与生涯适应力概述

一、专业发展与生涯适应力

专业发展（Professional Development）又称专业成长，是把发展作为一种连续性历程，从就职前培训、导入教育，到持续的专业成长，贯穿整个职业生涯。其意义在于强调专业素养的提升，能与时俱进，并趋向精致专业化，以确保其工作产出的良善。专业发展不只需要最初的准备教育，更需要持续学习。

在第四次经济浪潮之后，特别是第五次信息浪潮促使人们的工作场所发生了许多变化，“稳定”一词逐渐远离个体的生活，个体的生涯发展也变得不可预测，从生涯混沌理论（Career Chaos Theory）的角度来说，不可预测性、不确定性已是现代人生涯发展的本质特征，这使他们的工作焦虑水平在不断地提高。这就更加要求人们要提高持续性的专业发展意识，通过长时间持续的学习，不断充实经验，更好地成长进步。同时也急迫需要更多的生涯辅导来帮助他们应对焦虑，建立清晰的生活目标，逐步地培养并灌输生命意义感。所以提升现代人的生涯适应力水平是生涯辅导的正确路径之一，有效鉴别个体的生涯适应力水平，并制订相应的干预方案则成为生涯辅导工作的重要举措。

生涯适应力是适应力概念在生涯领域中的应用。最初，生涯适应力这一术语提出之时多被界定为“适应工作需求及变换工作以适应个人需求的能力”，这一界定意味着个体需要根据条件变化进行调整，也包括改变条件以应对变化。伊萨克森与布朗认为“生涯适应力或许是确定个体面对压力或接受不断变化的生涯角色的能力的比较合适的术语”。古德曼（Goodman）则将其界定为“人们在不同生涯阶段间成功转换或在他们工作与他们自身环境中寻求平衡的能力”。生涯适应力被视为个体在快速变化的现代社会中获得生涯成功的关键能力，是促使个体良好应对各种生涯转变所必须具备的能力，已经成为近年来国内外生涯心理学领域的一个新理论生长点。

以往的对于生涯适应力的干预辅导较多地采用生活设计范式（Life Design），但是在对于干预辅导效果进行评估时，大多数的研究为将实验组和控制组的结果进行对比，从整体的角度检验干预策略是否有效。而对于每个个体在干预的过程中是否真正获得了成长，成长值又为多少却鲜有关注。另外，生活设计范式以让被试者进行“写作训练”为特征，保存有较多的文本数据，而在进行干预效果的检验时也忽略了对文本数据的利用。由此可知，对于生涯适应力的测评及干预效果的检验都存在着一定的局限性。所以本书提供了文本挖掘和项目反应理论的创新型实验方法对大学生的生涯适应能力进行测评（本章第二节详细论述）。

二、生涯适应力的理论基础

（一）生涯建构理论

萨维卡斯（Savickas）指出，生涯建构理论（Career Construction Theory，CCT）是根植于社会建构主义而不是逻辑实证主义，主张个体并非独立存在于现实，而是生活在通过他们的人际关系和语言所建构的现实中。生涯建构理论不断发展，逐渐形成了萨维卡斯的生涯建构叙述策略（产生意义的方法），并且被视为一种融合了 3 种有关生涯评估、生涯选择等理论方法的元理论：①特质论（寻找人与环境的最佳匹配）；②发展论（生活盘—生活空间理论：解释个体在生活当中是如何适应和发展的）；③心理动力论（叙事或生涯—生活故事）。前两种方法基于 CCT 可以为生涯辅导者提供一个行之有效的所谓的“指导手册（Recipe）”的假设，该假设认为可以将人与不同的工作环境相匹配。这些方法和匹配策略一方面基于对个人特质的测量，另一方面基于个体对具体工作环境的要求以及对组织中某个职位的应聘意愿。但是，实际上 CCT 的另外一个目的则是反对这样一个公认的假设，并认为这个假设实际上已经在快速变化的 21 世纪有了相当大的局限性。

生涯建构理论认为，除了要关注生涯的“客观方面”外，还需要关注个体生涯故事的主观方面。主观方面可以通过质性方法和相应的叙事技巧得到。CCT 认为人们从大量主观的、与生涯相关的生活经验中获得的个人意义来选择生涯、建构自己。生涯建构理论有助于解释个体的生活经验以及他们在选择生涯、建构自己、设计成功生活等方面的态度。简言之，CCT 要求人们首先重新叙述他们的传记，然后创造生命肖像（Life Portraits）。在此之后，在自我反省、反思和自我创造的行动中得到了提升。生涯建构咨询通过这些技术和策略获得心理动力、叙述或故事视角，从而使个体在生涯故事和经历中建构出主题和意义，并增强个体的自我意识，以此来补充前两种方法的不足。如今个人职业生涯模式以无边界性和非线性为特征，生涯建构理论更加强调两种自我调控资源：①促进个人解决问题的资源；②提高个体在职业发展过程中人与环境适宜性的资源。生涯建构理论的观点正体现了生涯适应力的内涵，即“个体对于可预测的生涯任务、所参与的生涯角色，与面对生涯改变或生涯情景中不可预测的生涯问题的相应准备程度”。

（二）生活设计范式

生活设计是一个以建构主义认识论为基础的生涯咨询和辅导范式，认为生涯发展是人与环境相互作用的结果，它刺激人本能地想象与建构充斥着诸多角色和变化的生活，以保证良好的适应功能和幸福感，帮助个体在当前变化的社会中构建自己的职业生涯。因此，生活设计范式更加提倡人们建立生涯轨迹，去关注包含于生涯轨迹中的教育投资、工作与其他生活角色之间的相互作用、自我决定和生活满意度，以及个人生命意义等问题，以提升个体自我决策、形成自我认同及对生涯的建构能力为目标。

生活设计范式的核心是生涯适应力的概念，它是帮助个人规划其不确定的未来，面对不利的工作条件，适应工作市场和工作条件的变化，提高其幸福感的必要资源。其目的是鼓励个人在变化、复杂和相互依赖的背景下，积极地参与动态的进程，而不是严格遵守一套死板的规则。它更多地将注意力放在对非线性事件、生态多元化的环境、复杂动力学及多频转换等对生涯发展的影响分析的相关知识上；可以使个体根据自己的经验进行一些重要的建构，如生涯适应力和对未来的积极看法，这些对现代大学生积极地展望未来和职业规划有很大的作用。其最终目标是促进人们生活的设计，使他们能够更灵活地面对不同环境所带来的众多挑战。

三、生涯适应力的维度及测量

（一）生涯适应力的维度

萨维卡斯一直对生涯适应力理论建构不懈地进行探讨，他于2005年对生涯适应力的建构又做了进一步的修正和完善，提出了一个更为完整的建构模式。生涯适应力由四个维度组成（生涯关心，Career Concern；生涯控制，Career Control；生涯好奇，Career Curiosity；生涯自信，Career Confidence），构成了一个自我调节结构，帮助个体应对当前和未来与工作有关的转变。每一个维度都有一个核心的问题需要个体做出回答，即“我有未来吗？”“谁拥有我的未来？”“未来我想要做什么？”和“我能做到吗？”生涯关心涉及未来的时间取向，是指个体认识到目前的行动与职业抱负有关。生涯控制意味着个体自律并能对自己的未来职业负责。生涯好奇是对新体验、自我环境探索的开放，以及对后续职业机会的认同。生涯自信指的是一个人在追求生涯抱负时对克服可能遇到的挑战和障碍的能力的信念。当面对与职业发展或调整相关的复杂或不熟悉的问题时，人们会从这些自我调节的资源中发现问题并提出解决方案。

之后，随着生涯适应力的进一步研究，我国学者赵小云在萨维卡斯理论建构的基础上进行了生涯适应力的本土化研究，在其四个维度的基础上，根据中国大学生生涯发展的特点，增加了生涯调适和生涯人际两个维度。对于生涯人际因子的出现，这可能是缘于我国是一个十分强调“人际关系”的国家，这也早在我国学者的研究中得到了充分阐释。对于生涯调适因子的增加，可能与生涯适应力概念提出的时代背景是一致的，即生涯适应力概念的提出是对当前“充满不确定性”的时代的回应，而该因子所表达的内容能够明显地体现出对生涯不确定性的直接回应。本研究则是在赵小云生涯适应力本土化研究的基础上进行的。

（二）生涯适应力的测量

近年来，有关生涯适应力的相关研究中，生涯适应力测量工具的编制与选择大多是基于萨维卡斯的理论建构，主要介绍以下几种。

克里德等人编制的大学生生涯适应力问卷主要是根据萨维卡斯和卡罗利的观点编制，即生涯适应力的维度结构包括生涯规划、生涯探索、自我探索、生涯决策和自我调整。共包括56个项目，采用李克特式5点计分。希尔施（Hirschi）的生涯适应力问卷的维度结构确立则是根据萨维卡斯的适应力模型建构，即生涯适应力由四个维度构成：生涯决策、生涯规划、生涯探索和生涯自信。之后，我国学者赵小云在参照萨维卡斯及其他相关研究者关于生涯适应力理论建构观点的基础上结合中国大学生的开放式问卷调查，厘清中国文化背景下大学生生涯适应力的理论结构，并据此形成了中国本土化的大学生生涯适应力问卷，包括生涯关注、生涯好奇、生涯控制、生涯自信、生涯调适和生涯人际六个维度。

我们曾借助 Citespace Ⅲ软件，对搜集到的2865篇文献进行引文分析，聚类结果显示，“问卷”是聚类分析得出的第二个大的类别，类别序号越小说明与之相关的研究越多，即目前生涯领域研究主要依靠问卷法进行。之后我们进行突现文献分析，发现有32篇突现文献。突现文献是指在短时间内引用率快速上升的文献。突现文献分析结果显示，有关结构方程模型、多元回归及Mplus的文献引用率在短时间内快速增加，表明生涯领域的研究多是建立在结构性数据的基础上，通过结构方程模型、多元回归及Mplus等方法和软件进行多变量的研究。对于主观性的非结构化数据的利用并不多见。

第二节　生涯适应力的测评——基于文本挖掘的项目反应理论模型

一、概念解释：文本挖掘和项目反应理论

（一）文本挖掘

文本挖掘是从大量非结构化的文本数据中发现事先未知的、潜在有用的知识，并且对这些知识进一步分析处理以供用户获取有效信息的过程，通过这个过程，研究者可以发现一些更为有趣的模式。与存储在数据库中的结构化数据不同，自然语言文本是非结构化的，计算机难以进行理解。因此，文本挖掘通常需要将自然语言文本转换成结构化的数据，检测词汇和语法使用模式，并对生成的数据进行评估和分析。文本挖掘包括文本分类、文本聚类、文件摘要和情感分析，这些处理可以挖掘文本的相似度、关键性和内部蕴涵的逻辑结构或者进一步作出趋势预测和决策。随着计算机技术的不断发展，文本挖掘已被广泛应用于搜索查询、市场研究、舆情分析、生物医学应用、情绪分析和观点评测等多个领域。

在心理学的领域中，与文本挖掘有相似目的的话语分析技术、访谈编码等质性研究方法也常常被用来对个体自由表达的日记、作文及访谈内容等文本进行深入的分析，以挖掘个体内在的心理特征。但是，当文本数量较多时，质性

分析则要耗费大量的人力物力。而采用大数据文本挖掘的方式可以解决这一难题，实现自动化文本分析。目前，大量的研究已经证明了这种方法的可行性和可靠性。朱廷劭认为，社交网络用户在网络上发表的文字可以反映出个体的一些心理特征，同时还有许多学者利用文本挖掘方法对微博文本进行分析，来预测个体的社会态度、人格倾向及主观幸福感等心理特征。

（二）项目反应理论

项目反应理论（Item Response Theory，IRT）是现代教育心理测量领域一个新的发展方向。它是在克服了经典测量理论参数过度依赖于样本、项目特性与被试特性之间没有建立内在联系等一系列问题的基础上发展起来的，具有经典测量理论（Classical Testing Theory，CTT）无法比拟的优势，在指导研究实践中具有更强的生命力。

"潜在特质"（Latent Trait）和"项目特征曲线"（Item Characteristic Curve，ICC）两个概念是IRT的两个基础概念。心理特质是指制约人的行为的心理品质，而这种特质又因无法进行直接的测量，被称为"潜在特质"。而IRT最突出的特性是将不可观察的被试者的能力（即"潜在特质"）通过观察其对项目的反应用数学函数关联起来。它假设被试者对测验的反应受某种心理特质支配，然后估计被试者这种特质的分数，并根据其值的高低来预测、解释被试者对项目的反应。在经典测量理论中，心理测量学家依据"随着被试者水平的提高，其正确作答的概率也会越来越大"这一经验定义了一条项目特征曲线，其实质就是被试者正确作答概率对其测验总分的回归曲线。但是由于经典测量理论的局限性，测验总分会随测验特性及样本的变化而受到影响，稳定性较差。而随着测量理论的不断发展，人们以项目反应理论为基础，将代表被试能力水平的"潜在特质"来代替被试者的总分。从而将经典理论的项目特征曲线转化成了项目反应理论的项目特征曲线。本质上项目反应理论的项目特征曲线是被试者在项目上正确作答概率对被试者潜在特质水平的回归曲线。

（三）基于文本挖掘的项目反应理论模型

文本挖掘多以非结构化的内容作为数据分析的来源，这些非结构化的内容也能够反映个体某些心理特质，应该符合一定的心理测量学的规律。所以我们根据这样的一个出发点，借鉴项目反应理论，以文本分析的结果作为先验信息，提高项目反应理论估计的精度。目前，这方面的研究并不多见，在我们检索的文章中大多是关于大数据心理学或项目反应理论的研究，并且项目反应理论的研究主要建立在结构化数据的基础之上。但是，也有人开始尝试将项目反应理论与大数据资料相结合，何（He）将大数据资料文本分析与项目反应理论相结合应用于对筛查创伤后压力心理障碍症（post-traumatic stress disorder，PTSD）个体，并发现这种方法可以显著提高筛查的成本效益、减轻病人的负担、降低医生的工作负荷。基于这种方法的 PTSD 的筛查主要包括两个阶段：文本分类和基于项目反应理论的分析，最后输出的结果是对每个个体潜在 PTSD 水平的后验估算。何（He）将贝叶斯方法用于这种分级结构的估计，并在贝叶斯框架中将文本分析和项目反应理论模型相结合。在贝叶斯框架中，文本分析作为先验信息，项目反应理论模型则用来估计被试正确作答的概率，潜在特质的后验分布与先验信息和正确作答的概率成正比，则有

$$P(\theta \mid x, y) \propto p(x \mid \theta, \alpha, \beta)\, g(\theta \mid y) \qquad (5\text{-}1)$$

其中，y 代表每个个体的文本分数，$g(\theta \mid y)$ 是由文本分数得出的群体模型，α 和 β 是固定的项目区分度和难度参数，$p(x \mid \theta, \alpha, \beta)$ 代表似然函数。

二、生涯适应力测评的方法

（一）研究一：基于文本挖掘的生涯适应力测量方法

1. 样本

采用整群抽样的方法对被试者分别进行大学生生涯适应力问卷调查及以“我的生涯故事”为题的文本测试。为避免同时进行测试时，问卷测试内容与文本测试内容会相互影响，两次测试分开进行，时间间隔为两周（均为先测试

问卷）。进行数据分析时需要将每个被试的问卷和文本测试相对应，因此，只参加其中一次测试的被试数据也被视为无效数据被删除，只保留两次测试都参加的被试数据。

通过对多篇生涯适应力研究的相关文献进行梳理分析，并综合生涯领域相关专家意见，选取若干项实践经验，其中可能包含构成生涯适应力的因素，包括：是否学生干部、是否有兼职经历、是否参加过社会实践、是否参加过大学生创新创业项目、是否参加过“互联网+”等创业竞赛项目、是否参加过“挑战杯”学术作品竞赛项目，以及是否参加过学院老师课题组等。

为避免文本分类的抽样随机性及样本大小对研究结果的影响，应分别从有效被试中随机抽取若干样本。

2. 研究工具

我们在选择用于生涯适应力测评的文本材料，为避免搜集的文本材料过于宽泛，偏离生涯适应力的主题，我们基于生活设计范式，以“我的生涯故事”为题，根据生涯适应力的生涯关注、生涯控制、生涯好奇、生涯自信、生涯调适及生涯人际六个维度的主题定义分别设置一个相关问题让被试者进行自由表达。题目分别为：①“你思考过自己的未来吗？（如学业生涯或职业生涯）如果有，请说明是什么并描述自己对未来的态度是什么；如果没有，请解释原因并说明自己对未来的态度”；②“面对未来人生的十字路口，你可以自己进行决定并负起相应的责任吗？给出答案后，并解释原因”；③“对于未来的学业或职业发展定位，如果有，请详细说明你为什么这样定位？你是怎样进行探索的？如果没有，请说明理由”；④“面对未来的不确定性，你是否有足够的信念能达到预期目标？请根据你现阶段的处境及自身条件解释为什么”；⑤“面对未来道路中的困难坎坷，你会怎么应对和解决？请根据自己的实际情况进行描述”；⑥“在日常生活中你和周围的人相处的情况怎么样？请分析为什么是这样的现状”。被试需要在阅读完问题之后，根据自己现阶段的实际情况进行自由表达，每题100字。为避免被试在进行回答时会表现出过多的社会赞许效应，故增加第7题“请大家根据以上的6个方面对自己进行总结，分析现在的你是什么样的？现在的你和心目中未来的你有哪些差距？（200 字左右）”

3. 文本分类算法和程序

（1）文本分类算法

在书中，采用朴素贝叶斯的方法对文本进行分类。它是基于贝叶斯原理中的强独立假设来计算分类概率的，是一种简单并且有效的分类方法。其基本的原理是在各个关键词相互独立的假设下，来估计在给定词向量 w 时被试被分到某一类别的条件概率。即

$$P(C\mid w)=\frac{p(C)p(w_1\mid C)p(w_2\mid C)\ldots p(w_k\mid C)}{p(w_1,\ldots,w_k)}=\frac{p(C)\prod_{i=1}^{k}p(w_i\mid C)}{p(w)} \tag{5-2}$$

其中，$p(C)$ 为某个类别的先验概率，$p(w_i|C)$ 为在某个类别条件下出现词向量 w_i 的概率，一般通过极大似然方法进行估计。在二元分类中，将被试被分配到两个类别 C_1 和 C_2 中的概率相除得到比率 R，即

$$R=\frac{P(C_1\mid w)}{P(C_2\mid w)}=\frac{p(C_1)\prod_{i=1}^{k}p(w_i\mid C_1)}{p(C_2)\prod_{i=1}^{k}p(w_i\mid C_2)} \tag{5-3}$$

当 $R>1$ 时，个体被分成 C_1 类；相反，则被分为 C_2 类。用来决定类别属性的 R 值也被定义为每个被试进行生涯适应力自述的文本分数。为了能够和研究二中 IRT 估计的结果进行比较，需将 R 值进行标准化处理，即标准化 R 服从 $Z\sim(0，1)$ 分布。

（2）文本分类程序

①文本预处理阶段。使用科大讯飞的语音识别软件，将收集到的纸质文本材料转录成为 txt 电子文稿。在培训时已告知转录者最大程度地保证纸质内容的原貌，不能对文本内容（包括标点符号）进行随意改动。转录完成之后，采用 python 中文分词中的 Jieba 程序包对文本进行中文分词，并将分词之后的文本与《哈工大停用词表》进行匹配，删除包括代词、助词等在内的停用词，如

“的”“他 / 她”之类的无实意词及标点符号，最终获得文本特征，形成关键词。将每位被试的文本与获得的文本特征进行匹配，计算被试在每个特征上出现的次数，并根据 TF-IDF 方法计算特征值权重，形成词向量矩阵，为后续的分类器的训练做好准备。

②模型训练阶段。第一，训练集和验证集的确定：按照 70% 和 30% 的比例将样本数据集分为训练集和验证集。第二，“分类标签”的确定：通过查找与生涯适应力相关的文献并对其进行梳理，本书收集了一些可能构成个体生涯适应力水平的因素，并邀请相关专家对这些因素的重要性进行评价，0 ~ 9 点计分，最终按照每个因素的重要性平均值作为相应的权重。将被试在所有指标上的得分相加，其总分作为衡量个体生涯适应力的标准。将被试按照总分进行排序，按照前 50% 和后 50% 的规则将被试分为生涯适应力高和低两类，即每位被试均有一个类别属性标签，并以此标签作为分类准确性比较的“分类标签”。第三，分类器的确定：使用贝叶斯分类的机器学习算法在训练集中进行训练，使其学习特征词与类别标签之间的关系，并获得最终的训练模型。

③分类有效性评价阶段。将每个被试的词向量矩阵输入分类器模当中进行预测，并输出每个被试的类别标签。将预测的类别标签与正确类别标签进行比较，统计分类的准确性等信息。

（二）研究二：基于项目反应理论模型的生涯适应力测量方法

1. 样本

本书的被试采用研究一中文本分类的验证集样本的《大学生生涯适应力问卷》数据进行分析。

2. 研究工具

我们采用赵小云等人（赵小云，等，2015）编制的生涯适应力问卷，该问卷共 35 个条目，包括 6 个维度：生涯人际、生涯调适、生涯自信、生涯关注、生涯好奇、生涯控制，问卷的各个条目采用 1 ~ 5 点计分，从“很不符合”到“非常符合”，其中生涯控制维度的题目均为反向计分。得分越高生涯适应力越强，问卷内部一致性系数为 0.86。

3. 研究程序

分别将项目参数和样本验证集在 35 个项目的生涯适应力问卷的作答反应作为输入数据，采用多级评分的双参数逻辑斯蒂克模型进行能力参数的估计，可表示为

$$P_{xi}=\frac{\exp[-Da_i(\theta-b_{xi+1})]-\exp[-Da_i(\theta-b_{xi})]}{\{1+\exp[-Da_i(\theta-b_{xi})]\}\{1+\exp[-Da_i(\theta-b_{xi+1})]\}} \tag{5-4}$$

其中，a_i 为第 i 个项目的区分度，b_{xi} 为第 xi 个等级的等级难度。同一项目中各个等级之间的区分度都是相同的。

首先假设被试在项目 i 上作答过程共有 xi 个步骤，并且答对第 x 步必须先答对 x-1 步，被试答对第 x 步以上（包括第 x 步）的概率为

$$P_{ix}^{*}=P^{*}(u=x\mid\theta)=1/\{1+\exp[-Da_i(\theta-b_{ix})]\} \tag{5-5}$$

规定 $P^*_{i0}=P^*(u=0|\theta)=1$，$P^*i$，$xi+1=P^*(u=xi+1|\theta)=0$，因此，被试恰好答对第 k 步的概率为

$$p_{ix}=P_{ix}^{*}-P_{i,x-1}^{*} \tag{5-6}$$

其中，$x=0, 1, \cdots, x_i$, a_i 为项目区分度值；b_{ix} 为项目第 x 步的难度值。

对每个样本的潜在特质进行估计时，采用 MCMC 方法，使用 OPENBUGS 软件自编程序进行参数估计，迭代次数设置为 10 000，内燃值为 4000。

（三）研究三：基于文本挖掘的项目反应理论模型的生涯适应力测量方法

1. 样本

本书的样本采用研究一中文本分类的验证集的文本数据和大学生生涯适应力问卷的数据进行分析。

2. 研究工具

问卷部分采用的《大学生生涯适应力问卷》及文本部分采用的自编生涯适应力测评文本材料均与研究一中一致。使用 OPENBUGS 软件进行项目反应理论能力参数的估计，此软件使用 MCMC 算法进行贝叶斯估计。

3. 文本 -IRT 结合方法原理和程序

（1）文本 -IRT 结合方法原理

在本书中，文本分析和项目反应理论在贝叶斯框架下进行了有机的结合，在进行估计时使用 MCMC 算法；在方法 1 中获得个体生涯适应力自述的文本分数结果作为贝叶斯估计的先验信息。在贝叶斯框架下，被试潜在特质水平的后验分布与先验分布及似然比的乘积成正比，为

$$P(\theta \mid x,y) \propto p(x \mid \theta,\alpha,\beta)g(\theta \mid y) \tag{5-7}$$

其中，x 为对生涯适应力问卷的作答矩阵，y 为每个被试的文本分数，$g(\theta|y)$ 为给定了文本协方差的先验信息，α 和 β 分别为项目难度和区分度，$p(x|\theta, \alpha, \beta)$ 为 IRT 模型的似然方程。根据以上公式，我们可以假设被试 n 的生涯适应力潜在特质和文本分数 y_n 之间的相关可以用下面的线性回归模型来表示，为

$$\theta_n = b_0 + b_1 y_n + \varepsilon_n \tag{5-8}$$

其中，b_0 和 b_1 为线性回归的系数和截距。假设误差项是独立的，并服从正态分布 $\varepsilon_n \sim N(0, \sigma_2)$，$n = 1, \cdots, N$, N 为被试总数。根据线性回归模型的假设，在给定文本分数的条件下，可推测 θ_n 服从以下的正态条件分布，为

$$\theta_n \mid y_n \sim N(b_0 + b_1 y_n, \sigma_2) \tag{5-9}$$

那么式（5-7）~（5-9）就代表了具有丰富信息量的生涯适应力潜在特质的先验分布。

（2）文本 -IRT 结合方法程序

对样本的潜在特质进行估计时，采用 MCMC 方法，使用 OPENBUGS 软件自编程序进行参数估计，迭代次数设置为 10 000，内燃值为 4000。为了避免项目参数不一致对能力参数估计的影响，均使用固定的项目参数估计结果。另外，为了检验所引进的文本先验信息是否能够提高预测的准确性，需与研究二中使用能力参数默认先验值进行的贝叶斯估计结果进行比较。

第三节　生涯适应力测评结论

文本分类的方法对于测量内容具有很大的包容性，可以从一系列非标准化的、主观性的内容中抓取到个体心理特点，以此来实现使用文本资料对个体的心理特质进行预测。本书将文本分类作为生涯适应力测评的主观测量方面，采用贝叶斯分类的机器学习算法，在训练集中进行分类器的训练，探索关键词与文本标签之间的关系，最终获得分类器模型。将分类器模型在验证集中进行测试，文本分类在300、600和900人样本验证集中的预测准确性分别为0.568、0.586和0.601，由此可见，样本大小的变化对分类准确性有较大的影响，样本量越大，预测的准确性越高。

为检验在加入文本先验信息之后，准确率是否真的得到了提升，我们在研究二中只使用了没有加入文本分类先验信息的项目反应理论进行能力参数的估计，作为基线水平的比较。结果显示，三种样本验证集（300/600/900）的能力参数区间分别分布在［-1.871，3.664］［-1.869，3.674］［-1.864，3.665］，估计结果未有较大的浮动，平均数都维持在0.250。结果显示，总体大学生的生涯适应力处于中等偏上的水平，表明当今大学生对于生涯过程中的发展任务或尚未到来的未来生涯，都具有中等的适应准备程度，这与以往的研究结果也非常一致。

研究三是本书提出的新的生涯适应力测评方法，旨在将文本挖掘和项目反应理论相结合，以实现同时使用个体的主观信息和客观信息进行测评，使个体的心理特质信息更加丰富、饱满，以此来提高预测的精确度。具体操作如下：将研究一中的文本分类的结果作为潜在特质生涯适应力的先验分布，在项目反应理论模型中进行能力参数的估计，并通过逻辑斯蒂克回归模型检验分类的准确性。在使用 -IRT 文本结合方法中，三个样本集的能力参数区间分别分布在

[–1.834，3.635] [–1.812，3.649] [–1.735，3.532]，平均数都维持在 0.250，结果表明，总体大学生的生涯适应力处于中等偏上的水平，与以往的研究结果一致。同样，由于文本 –IRT 估计的生涯适应力潜在特质为连续值，而文本分类结果好坏的评价指标为准确性等指标，因此，以文本 –IRT 方法估计出的值为自变量，分类标签为因变量，建立二元逻辑斯蒂克回归模型来预测样本的类别属性。生涯适应能力表如表 5–1 所示。

表 5–1　生涯适应能力表

题号	题目	完全不符合	小部分符合	部分符合	大致符合	完全符合
1	我的人缘很好，生活中有很多好朋友。					
2	我会很积极地去搜集与自己未来发展有关的信息。					
3	在做重要生涯决定时（如专业选择、职业选择等），我会犹豫不决。					
4	面对多变而不确定的未来，我有足够的能力去适当调整自己的生涯规划。					
5	我会尝试各种方法（做测验 / 咨询 / 打工等）去探索自己的价值观、兴趣和能力。					
6	我为人随和，能与不同个性的人（同学 / 同事）发展良好的合作关系。					
7	与不同个性的人共事时，我能调整心态以维持良好关系。					
8	我会坦然看待挫折并思考它带给我的积极意义。					
9	我觉得自己很难掌控未来的生涯发展。					
10	在大学里我很注重培养自己的兴趣爱好，会多方面发展自己而不仅限于读书。					
11	遇到挫折和失败后，我会反省自己并尝试聆听别人的意见。					
12	在校期间我经常参加各种社会实践活动来培养自己的实践能力。					

续表

题号	题目	完全不符合	小部分符合	部分符合	大致符合	完全符合
13	即使没人叮嘱，我也会主动发展自己以求得未来生涯的顺利发展。					
14	在生活中，我喜欢接受和尝试新知识、新技能并应用于实践中。					
15	每到一个新地方，我很容易同别人建立良好的关系。					
16	我相信自己有较强工作能力，并能做好我要做的工作。					
17	我经常有意识地关注本专业的发展前景和社会应用状况。					
18	面对生涯发展中的不顺，我会寻求他人的支持和帮助。					
19	在做事情之前，我通常都先列出一个大概的计划，然后再执行。					
20	在自己的未来生涯发展上，我还没有一个明确的方向。					
21	遇到生涯困境时，我会多方搜集信息以寻求解决之道。					
22	对于生涯发展中遇到的困境，我认为从长远来看总有解决之道。					
23	我很重视自己当前所做、所学与未来生涯发展的关系。					
24	如果遇到自己一时很难克服的生涯困难，我会放弃自己当初的选择。					
25	在日常生活中，我能保持开放的心胸与他人相处。					
26	为了获得一个圆满生涯，我会珍惜时间为未来的生涯发展做好准备。					
27	在未来的生涯选择上，如果没有别人的支持或肯定，我自己无法做决定。					

续表

题号	题目	完全不符合	小部分符合	部分符合	大致符合	完全符合
28	即使面对不同的生涯，我相信自己的表现依然是不错的。					
29	我相信自己能顺利度过由大学到社会的生涯转换。					
30	在人际交往上，我懂得如何与人和谐相处。					
31	在处理生涯议题时，只要我尽心尽力了，不管怎样的结果，我都能接受。					
32	我非常关注社会的未来发展趋势，以避免自己落伍。					
33	我不惧怕生涯发展中的困难，愿意接受一切挑战。					
34	我觉得自己的适应能力不错，这对我生涯的顺利发展很有帮助。					
35	面对充满变化的现代社会，我很注重自己的生涯规划。					

生涯适应力测评在大学生生涯与创新创业中的应用。生涯适应力对个体的生涯发展及工作生活相关方面均有影响，如生涯适应力能够促成个体顺利地实现生涯转换；能够提高个体在工作、生活、生涯方面的满意度，提升幸福感；能够缓解个体的焦虑与失败感、工作压力等，因此，它被视为“个体应对生涯中的任务、问题、转折甚至是重大事件时的心理资源”。该量表是一种用于评估个体生涯适应能力的工具，包括个体的职业适应能力、生涯决策能力、生涯探索能力等方面。该问卷可以应用于大学生生涯规划的各个阶段，如职业探索、职业决策、职业发展等，帮助大学生了解自己的职业适应能力和生涯规划方向，提高自我认知和决策能力。此外，生涯适应能力表还可以用于大学生生涯规划研究领域，为研究者提供关于大学生生涯适应能力的相关数据和理论支持。

第六章　大数据时代职业决策测量与评价

在信息高速传播的当下，人们获取信息的方式多样且便捷，但同时也带来了更多困扰。尤其是当代大学生，他们可以通过互联网获取世界各地的信息，倾听各种职业人的故事，也可以深入地了解各行业，但面对纷繁复杂的信息也使他们面临更多抉择。本章通过生涯决策、职业生涯规划等主题，帮助读者深入了解相关知识，从而认识到生涯规划等人生课题的重要性，启发读者做好迎接未来风险挑战的准备。

第一节　近二十年来生涯决策领域可视化研究——基于 CITESPACE 的分析

一、生涯决策

生涯决策是涉及个体关于认知、情感、行为和环境因素的一个复杂过程，它反映了个体的偏好和信念，是个体对未来发展方向的选择。通俗地说，生涯决策就是一个人在对自己有清楚认知的基础上，掌握足够的职业信息，从当下的职业信息中结合自己的能力、性格等做出对未来职业的选择。生涯决策贯穿于个体生命全程，个体做出的决策会对其将来的生活、工作产生深刻且持续的影响。其中，帕森斯的特质因素论和霍兰德的职业兴趣理论，这两个经典的生涯决策理论在当今职业生涯研究中仍然占据十分重要的地位。在生涯决策的相关研究中，研究主题主要集中在生涯决策的影响因素、生涯决策自我效能感和群体差异等；研究对象中中学生和大学生最多。同时，生涯决策的研究方法也在发生着变化，许多研究者倡导更加个性化、灵活的方法。

一方面，个体做生涯决策需要有一定的自我觉知；另一方面，做好生涯决策这一行为又可以反过来帮助人们更清楚地认识自我，了解自身的不足和缺陷，也能够帮助人们了解自己已有的资源，从而帮助个体开发自我潜能，完成所规划的人生目标，实现自己的人生价值。近年来，在生涯教育和生涯咨询的活动中，也越来越能看到有关生涯决策指导的身影。这意味着，生涯决策已经开始从“幕后”走到“台前”，在过去几十年，相关研究的文献数量也在逐年增加，这反映了其在生涯决策领域的重要性。因此，了解当前研究者对于生涯决策的研究现状是必要且迫切的。目前，国内对于生涯决策的研究还没有形成一个系统化的发展脉络。

为梳理目前在全球范围内生涯决策的研究现状及发展趋势，学者采用了文献计量学的方法，借助了 Citespace Ⅲ（一款应用于科学文献中识别并显示科学发展新趋势和新动态软件）软件工具，以 Web of Science（WOS）核心数据库收录的与生涯决策相关的 1453 篇文献为研究对象，对得到的文献使用 Citespace Ⅲ软件进行可视化图谱分析。以期能够揭示以生涯决策为研究的国家、学科分布情况，被引作者、期刊的分布情况及研究发展现状、热点及趋势，达到俯瞰该阶段生涯决策研究“全貌”的目的。

二、当前研究现状

（一）生涯决策研究领域的文献发表情况

图 6–1 为对 1997—2017 年内生涯决策研究文献发表量的统计。从图 6–1 中可以看出，发表量整体呈上升趋势，但 2011 年之前每年的研究文献发表量都在百篇以下，2011 年才首次突破百篇。2014—2016 年一直保持较高的数量；

由于统计截至 2017 年 3 月，WOS 数据库中有关生涯决策的研究已能检索到 21 篇。上述情况说明，生涯决策正逐渐成为生涯研究领域的热点。

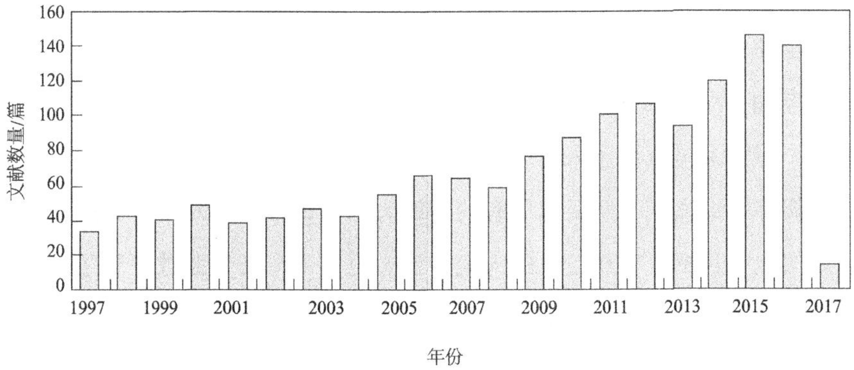

图 6-1　1997—2017 年生涯决策研究领域的文献发表量

（二）生涯决策研究领域的学科分布分析

从结果来看，发表文献最多的领域为心理学（Psychology）达 554 篇，占总量的 38.1%，处于核心位置。其余依次为商业和经济研究（Business & Economics，131 篇）、教育和教育研究（Education & Educational Research，96 篇）、管理（Management，69 篇）、社会科学 - 其他主题（Social Sciences-Other Topics，62 篇）等 97 个不同领域，说明生涯决策的应用前景非常广泛，不同学科领域之间的交叉性比较强。

（三）生涯决策的研究热点及前沿分析

1. 生涯决策的研究热点分析

关键词是对文献研究内容的高度浓缩，生涯决策领域的关键词在不同时期、不同领域的出现频次反映了生涯决策研究热点的走向。出现频次较高的关键词反映了研究领域内的关注焦点和研究者们感兴趣的研究话题。近二十年内生涯决策的研究热点，排名前 10 位的关键词及出现频次和中心度信息如表 6-1 所示。

此外，研究还涉及不同决策风格和模式对个体心理和行为的影响，与关键词选择（Choice）和模型（Model）相关；自我效能感（Self–efficacy）的高低可能影响决策；大学生（College–students）、学生（Students）和女性（Women）则代表不同研究群体，观察是否有其独特的决策风格特点和生涯发展道路等，以及和这些群体相对的群体（如男性）之间是否存在差异，从而可以针对不同人群中出现的问题给出适当的建议和解决办法。同时，出现频次比较高的还有未决（Indecision），生涯未决是生涯决策的一个过程，它反映了影响个体决策的因素和决策的阶段；工作（Work）涉及工作中的选择和决策，如职业生涯决策；测量、衡量（Scale）涉及对生涯决策的测量方式，如问卷的选择。从中心度来看，数值大于 0.1 时，其中心度比较高。结合表 6–1 可以看出，除 Indecision、Work 和 Students，其余关键词都有较高的中心性且出现的频次都很高，说明这些词是一直以来的研究热点和关心的问题，连接的领域比较广，今后的研究可以此为基础进行扩展。

表 6–1　生涯决策研究的关键词频次、频次排名和中心度

关键词	中心度	频次（频次排名）
决策（Decision–making）	0.12	239（1）
大学生（College–students）	0.14	109（2）
未决（Indecision）	0.04	107（3）
选择（Choice）	0.11	99（4）
自我效能感（Self–efficacy）	0.13	91（5）
模型（Model）	0.16	88（6）
衡量（Scale）	0.07	82（7）
工作（Work）	0.17	69（8）
学生（Students）	0.07	68（9）
女性（Women）	0.12	65（10）

2. 生涯决策的研究前沿分析

研究前沿（Research Front）被定义为一组突现的动态概念和潜在的研究问

题（陈超美，2009）。通过 Citespace III 探测一段时间内某个关键词的突现，可以了解在该时间段内研究的最前沿。图 6–2 则为通过 Citespace III 探测到的 1997—2017 年突现词出现情况。

关键词	时间	突现值	开始时间	结束时间	1997—2017年
女性 (Women)	1997	8.2700	1997	2006	
未决 (Indecision)	1997	7.5765	1997	2005	
轨迹 (Locus)	1997	3.5082	1997	2006	
分类 (Taxonomy)	1997	3.7044	1998	2006	
存货 (Inventory)	1997	3.2778	1998	2002	
职业决策 (Vocational indecision)	1997	3.6715	1999	2009	
职业自我效能感 (Career self-efficacy)	1997	4.0932	2000	2007	
成熟 (Maturity)	1997	6.2511	2002	2007	
决策 (Decidedness)	1997	3.3179	2002	2006	
学校 (School)	1997	3.4793	2009	2010	
决策困难 (Decision-making difficulties)	1997	3.8624	2011	2014	
个人相关方面 (Personality-related aspects)	1997	3.2674	2011	2015	
适应性 (Adaptability)	1997	3.8491	2013	2014	
人格特征 (Personality-traits)	1997	3.6500	2014	2017	
影响 (Impact)	1997	4.4379	2015	2017	

图 6–2　1997—2017 年突现词出现情况统计

长度代表关键词突现时间，标记越长，即突现的时间越长。按突现的时间点排序后，我们可以看到突现词在不同时间段的走向。从图 6–2 中可以看出，职业未决（Vocational Indecision）持续突现的时间长达 10 年，说明 1999—2009 年对职业未决的研究较为广泛。

综合探测到的高频关键词与突现词，可以总结概括出近二十年内有关生涯决策的主要研究热点和前沿：不同群体（特别是女性和大学生群体）的生涯决策、职业生涯决策情况及群体之间的差异；自我效能感对生涯决策的影响、个人特质在决策中的作用；生涯未决、决策过程中存在的障碍；生涯决策的适应性；决策前的准备情况（心理和环境）及这些情况的影响；生涯决策测量问卷的选用；分类学方法的应用；等等。这些问题不仅可以概括过去的研究，也为今后的研究奠定了基础并指明了方向。

（四）生涯决策研究文献与网络的聚类分析

为了更清晰地呈现生涯决策的研究热点与发展方向，在得到文献共引网络的基础上将所有的引用文献进行分类，并用一个核心词汇概括该聚类所包含的内容，以一种更清晰的方式呈现结果。通过聚类分析后共得到27个类别，数量最多的前五个类别如表6-2所示。组号（Cluster ID）为聚类号；大小（Size）为该聚类所包含的文献数量；轮廓（Silhouette）代表聚类内部的相似程度，该指标为0～1之间的小数，数值越大，相似度越高（陈超美，2010）；本次运行得到的前五大类的内部一致性都比较高，说明聚类的效果较好。标签（Label）为算法得到的聚类标签。

表6-2 文献共引网络中的五大聚类

组号	大小	轮廓	年份	标签	重要文献
#0	54	0.757	1994	自我效能感（Self-efficacy）	布朗（Brown，1997）、卢佐（Luzzo，1999）、格洛里亚（Gloria，1999）等
#1	44	0.748	1993	关系（Relational）	费尔斯曼（Felsman，1999）、莫图尔斯基（Motulsky，2010）、阿蒙森（Amundson，2010）等
#2	39	0.652	1995	难点（Difficulties）	兰卡斯特（Lancaster，1999）、奥西波（Osipow，1999）、加蒂（Gati，2010）等
#3	38	0.839	1991	学校（School）	布朗（Brown，1997）、费尔斯曼（Felsman，1999）、佩里·贾斯廷（Perry et al.，2010）等
#4	34	0.711	1995	完美主义（Perfectionism）	希尔施，安德烈亚斯（Hirschi et al.，2011）、费拉里（Ferrari，2010）、加蒂（Gati，2011）等

（五）人格特质

ID 为 0 的聚类规模最大，包含 54 篇文献，聚类名称为自我效能感（Self-efficacy），主要涉及在生涯决策自我效能感水平的高低对心理和行为的影响，以及影响自我效能感的因素和生涯决策的群体差异，等等。布朗（Brown，1997）研究了城市和农村高中生之间、民族之间的生涯探索水平和生涯决策自我效能感的差异。结果发现，城市高中生的生涯探索水平显著高于农村高中生；少数民族的城市高中生对自己的生涯决策技能有更高的信心水平。卢佐（Luzzo，1999）研究发现，残疾大学生的生涯决策自我效能感的水平要显著低于无残疾的大学生，并且在生涯决策过程中，残疾大学生的归因风格有显著的消极倾向。格洛里亚（Gloria，1999）的研究表明，白人学生相比其他种族的学生有更高水平的生涯决策自我效能感和更低水平的焦虑。

ID 为 4 的聚类包含 34 篇文献，其标签为完美主义（Perfectionism），这代表的是一种决策倾向和人格特点。该聚类所涉及的内容主要为，人格特质和环境对生涯决策的影响、规划的倾向性、决策前的准备对结果的影响等。希尔施（Hirschi）和安德烈亚斯（Andreas）在 2011 年应用潜变量结构方程模型，调查了从一至八年级的 349 名瑞士青少年的生涯准备的预测变量和积极投入的结果。研究结果表明，个体感知到更多的社会支持和尽早确定目标能带来更多的投入。早期决定和决定的一致性是对他们各自后期生涯准备水平的重要预测因素。费拉里（Ferrari，2010）的研究重点关注时间洞察力。结果显示，女孩的时间洞察力水平更高；社会经济地位（SES）与各个年龄个体的时间洞察力都无关。同时发现，时间洞察力与学校成就呈正相关关系，与生涯未决呈负相关关系。加蒂（Gati，2011）采用与情绪和人格相关的生涯决策困难量表（EPCD），研究生涯决策困难的持续存在问题。并采用纵向研究设计，测量了四种人格特质——一般犹豫不决，自尊，特质焦虑和身份认同，预测生涯决策困难的持续性。结果表明，在学年开始时，EPCD 得分较高的个体，在入学初期对自己的选择的信心较低，却在学期末时很难做出转到自己喜欢的专业中去的决定。EPCD 得分与四种人格特质测量之间中等相关，这支持了 EPCD 的有效性。

（六）情境与障碍

ID 为 1 的聚类包含 44 篇文献，聚类名称为 Relational（相关的），以该词作为聚类名称，该聚类主要涉及相关群体之间的差异、个体与自我的关系、个体在生涯发展和咨询中与群体和社会的关系及个体对所属群体的依恋和承诺等问题。费尔斯曼（Felsman，1999）的研究结果表明，三种同伴关系（与同伴的依恋关系、亲密关系和相互关系）对生涯探索和承诺的影响，超出了与父母的依恋、父母的年龄和性别所带来的影响。对同伴的依恋和亲密程度与生涯选择的进展和环境探索水平呈正相关。莫图尔斯基（Motulsky，2010）认为，关系理论和生涯决策的研究不应只包括人与人之间的关系，还应包括他们与自我、与社会的关系，促进和帮助个体生涯的发展和咨询。他以处于生涯过渡期的中年妇女为研究对象，主要探索的是支持和帮助中年妇女进行生涯改变及过渡的方式。阿蒙森（Amundson，2010）使用现象学的方法研究了 17 名就业成年人的生涯决策经验。研究结果表明，生涯决策是处于生活关系中的，并具有情境意义。归属感和有意义的参与是决策的组成部分。同时，研究者认为生涯咨询可以增强决策过程中的归属感和个人价值。

ID 为 2 的聚类包含 39 篇文献，其聚类名称为 Difficulties（困难），主要涉及生涯决策过程中的困难。例如生涯咨询中的困难，生涯未决以及测量生涯决策时存在的难点等。兰卡斯特（Lancaster，1999）发表在《职业评估》（*Journal of Career Assessment*）上的一篇文章探究了生涯决策困难问卷（Career Decision-Making Difficulties Questionnaire，CDDQ）的信效度问题，CDDQ 是基于决策困难分类学的相对较新的测量工具。结果显示，CDDQ 有较好的信效度，且具有果断和犹豫特质的两类群体在 CDDQ 上的得分差异显著。这表明 CDDQ 可以作为测量生涯未决和决策困难方面的有效工具。加蒂则在 2010 年采用 CDDQ 分析和解释了大学生在生涯决策过程中的困难因素并为生涯咨询提供了可能的干预方式和实际基础。奥西波（Osipow，1999）对Holland生涯决策的理论和测量进行了述评，并认为其理论对我们今后的研究有很大的启示意义。

（七）群体差异

ID为3的聚类包含38篇文献，其聚类标签为School（学校），主要涉及学校内的生涯教育情况、不同学生群体的生涯决策和发展的情况与差异、学校因素对生涯决策和发展的影响等。重点关注学生群体可能是因为在学生阶段，个体各方面都不成熟，容易受到外界特别是学校的影响，不同的选择会带来不同的发展方向，因此在学生阶段做好生涯决策显得尤为重要。费尔斯曼（Felsman，1999）、佩里（Perry，2010）和布朗（Brown，1997）被归入此类可能是因为前两者都以中学生为研究对象，后者研究的是学校参与对学生的影响。

三、小结

佩尔森（Persson，1994）指出："从文献计量学来看，被引文献组成了知识基础。"知识基础会在相当长的一段时间内保持稳定，并随着共引阈值的降低和共引聚类中文章的增多而逐渐增大（李峰等，2012）。从生涯决策研究的高引用文献及文献聚类中可以提炼出生涯决策的知识基础，这些文献为近二十年来的生涯决策研究提供了理论、方法和结果的支持。生涯决策研究的知识基础可以分为三类。

一类为以对理论的整合与评述为代表。例如，伦特（Lent，1994）通过整合生涯理论形成了一个社会认知框架来促进对生涯发展三个方面及其关系的理解；班杜拉（Bandura，1977）通过对文献的梳理，提出了一个综合性的理论框架来解释并预测不同行为方式所引起的心理变化；以及奥西波（Osipow，1999）对霍兰地（Holland）的生涯决策理论和研究工具的有效性进行了探讨，证明了霍兰地（Holland）的观点对当前研究的发展有很大的启示意义等。这些文献为今后生涯决策研究的发展奠定了理论基础。

第二类知识基础为方法学。在这些生涯决策领域的研究中，所采用的方法和技术手段可能推动了整个领域的发展，对后来的研究有着较强的参考价值。这类知识基础又包含两个子类：一是实证研究的方法。比如，通过分类学的方法对所要研究的变量进行分类，排除了主观和环境的干扰，以免造成误差；运用潜变量结构方程模型分析变量之间的关系；统计理论、数据处理、参数指标等统计学问题；生涯决策困难量表（CDDQ）信效度的验证等，为生涯决策研究提供了方法学依据。二是为质性研究的方法。这一子类的代表阿蒙森（Amundson，2010）使用现象学的方法研究了个体的生涯决策经验，探讨了决策过程中存在的困难。这篇文献拓展了方法使用的思路，说明对生涯决策的研究不只有问卷调查这一种方式，在被试较少的情况下，也可以达到相应的目的，同时为今后质性研究方法的使用提供了依据。

第三类知识基础为过去研究的结果与发现。比如，自我效能感、同伴关系的质量、学校教育是生涯决策的重要影响因素；不同群体（种族差异、城乡差异、生理差异等）的生涯决策风格存在差异；生涯决策时刻受周围关系网络的影响；女孩的时间洞察力水平较高；等等。通过梳理这些研究结果，可以找到新的研究问题，并为今后的研究指明方向。

第二节　大学生择业自我效能感量表

一、量表介绍

择业效能感是指个体对于自己实施和坚持与择业相关行为的能力的信念。该量表由国内学者龙燕梅修订，量表包含自我评价、信息收集、目标筛选、制订计划、问题解决五个维度，共 25 个项目。

二、量表内容

请评定你对自己完成以下事件的信心，具体如表 6–3 所示。

表 6–3　大学生择业自我效能感量表

题号	内容	根本没有信心	有很少信心	有中等程度信心	有较多信心	完全有信心
		1	2	3	4	5
1	能够准确地评价自己的能力。					
2	能够查出感兴趣的职业的信息。					
3	能够从所考虑的候选专业列表中选择专业。					
4	能够制订五年计划。					
5	如果遇到专业方面的困难，能够采取必要措施解决问题。					
6	能够确定自己的理想工作将是什么。					
7	能够找出一个职业在下一个十年的就业趋势。					
8	能够从考虑的候选职业列表中选择一个职业。					
9	能够做出为了成功的完成所选专业而需要采取措施。					
10	即使遇到挫折，仍然能够坚持致力于自己的专业或职业目标。					
11	能够明确在一个职业中自己认为最有价值的东西是什么。					
12	能够弄清楚一个职业的人均年收入。					
13	能够选择一个与自己喜爱的生活方式相适合的职业。					
14	能够准备一份好简历。					
15	如果不喜欢第一次选择的专业，能够改换专业。					

续表

题号	内容	根本没有信心	有很少信心	有中等程度信心	有较多信心	完全有信心
		1	2	3	4	5
16	能够明确为了达到自己的职业目标，打算牺牲什么和不牺牲什么。					
17	能够和一个已在自己感兴趣的职业领域里工作的人交谈。					
18	能够在作出职业决策之后，不再担心决定是否正确。					
19	能够确认什么是和自己未来职业可能有关的人员、公司和研究所。					
20	如果不满意自己从事的职业，能够更换工作。					
21	能够清晰地描绘出自己想要的生活方式是什么。					
22	能够找到有关毕业院校的信息。					
23	能够选择一个与自己兴趣相适的专业或职业。					
24	能够成功地应对工作面试。					
25	如果不能进第一次选择的专业或职业，能够认同其他合理的专业或职业来替代。					

三、计分方式

本问卷共包括五个分维度，即自我评价、信息收集、目标筛选、制订计划、问题解决，共25个题目，采用李克特5点计分法，得分越高表明个体的择业效能感水平越高。其中每个维度包含题目如下：

自我评价包括第1、6、11、16、21题；

信息收集包括第2、7、12、17、22题；

目标筛选包括第3、8、13、18、23题；

制订计划包括第4、9、14、19、24题；

问题解决包括第 5、10、15、20、25 题。

四、大学生择业自我效能感量表在大学生生涯与创新创业中的应用

择业自我效能感指的是自我效能感理论在职业领域方面的延伸，是自我效能感在择业中的体现，即个体对于实现与择业有关任务所需要的自我知觉的能力。当前大学生的就业面临十分严峻的形势，除了社会、学校等因素外，还有一个重要的因素就是大学生的心理，即择业自我效能感较低。择业效能感对择业范围会产生影响，择业效能感水平越高，个体敢于涉足的择业范围越广，同时他们的择业行为越积极、主动。该量表可以用于评估大学生在职业选择过程中的自我效能感水平。该量表包括多个问题，涵盖了大学生的职业兴趣、职业知识、职业技能、职业规划等方面。通过对大学生进行问卷调查，可以帮助了解他们的职业选择和择业决策能力，为大学生职业规划提供重要的参考依据。

第三节　职业生涯规划量表

一、量表介绍

生涯是构成生活事件的历程，它统合人一生中的各种职业和生活角色，由此表露出个人独特的自我发展组型，也是人自青春期至退休之后，一连串有酬或无酬职位的综合，例如学生、雇员与退休者，甚至也包含了副业、家庭和公民的角色（Super，1976）。由此定义，我们可以看出，生涯是个人一生中各种角色的统合，因此在生涯的发展过程中，必定会在不断的角色扮演中寻找自我，发掘人生的意义与方向。大学生正处于从学生向社会人转变的重要时期，

认识到生涯规划的重要性，并开始规划自己大学以及未来的生活，对个体未来的发展起着至关重要的作用。

因此，本节通过呈现《大学生生涯规划调查问卷》，旨在通过测验帮助个体更好地认识自身的生涯规划水平，启发个体更合理地规划人生，从而在面对不同情境时都能坦然以对。

二、量表内容

大学生生涯规划调查问卷如表 6–4 所示。

表 6–4 大学生生涯规划调查问卷

题号	内容	非常不同意	不同意	无意见	同意	非常同意
		1	2	3	4	5
1	我将我的生涯目标分解为长期、中期、短期目标和次目标。					
2	我会做时间规划，并按照自己预定的时间表逐步完成计划中的任务。					
3	我通过辅修或者选修来学习专业以外的课程，扩展知识面。					
4	我会根据生涯目标，主动参加相关方面的培训、讲座等活动。					
5	我争取各种机会到相关组织见习、实习。					
6	我经常参加各种社会、休闲活动，以加强与朋友的沟通交流，拓展人际交往。					
7	我运用多种方式来提升自己在所学专业上的知识水平。					
8	我会详细列出可能达成目标的途径，并评估不同途径的可行性，选出最合适的途径去施行。					

续表

题号	内容	非常不同意	不同意	无意见	同意	非常同意
		1	2	3	4	5
9	我会将生涯行动方案实施过程中可能遇到的有利和不利因素一一列出，并设法利用有利因素，尽可能避开或克服不利因素。					
10	他人的反馈和评价是我常常用来了解自身特点的方法之一。					
11	我喜欢通过一些科学的测量工具来了解自己的性格、价值观、兴趣和能力。					
12	我运用多种途径来了解我的健康状况等生理特质。					
13	我将我的家庭背景情况作为生涯选择的考虑因素。					
14	我运用各种媒介来了解与职业、升学或留学相关的信息。					
15	我比较关注有意向加入的工作单位或者学校，并常常和其中的成员接触交流，以加深对工作单位或学校的了解。					
16	我常和同学或朋友讨论有关未来发展的问题。					
17	我整理出了考研、留学或者工作等不同选择对我的不同要求。					
18	我考虑过选择考研、留学或者工作将分别得到的助力和面临的阻力。					
19	我曾经列出考研、留学或者工作的不同选择将会带来的利弊。					
20	周围的环境一直在变化，我对环境的探索也一直在进行。					
21	在我的生涯发展过程中，我总是在不断地重新认识自己。					

续表

题号	内容	非常不同意	不同意	无意见	同意	非常同意
		1	2	3	4	5
22	我会定期检查预定生涯目标的达成情况。					
23	我会根据各阶段目标的达成情况来修订目标。					
24	我会根据情况的变化而对生涯行动方案进行调整。					
25	我会经常对生涯行动方案的执行过程进行评估，并做出保持或改进的决定。					
26	我的生涯规划是一个循环往复、不断调整的过程。					
27	综合考虑各种因素，我已经确定了本科毕业后考研、留学或者工作等具体目标。					
28	从来都是父母、亲友或老师帮我做决定，关于未来也一样，不需要我来考虑。					
29	我一般都凭直觉来选择未来要走的路。					
30	我决定和班上同学做一样的选择，跟着大家走。					
31	学长们所选择的生涯路径对我影响很大，我选择和他们类似的道路。					
32	我觉得确定未来目标是一件很为难的事，因为有多种选择吸引着我，很难决定。					
33	现在还不需要考虑未来的事，到时候再说。					
34	我对未来不是很清楚，所以现在不想做任何决定。					

三、计分方式

本问卷共包括四个分维度，即生涯行动、生涯探索、评估调整、生涯决定，共34个题目，采用李克特5点计分法，分为“非常同意”“同意”“无意见”“不同意”“非常不同意”五个项目，计分方式正向题目按5、4、3、2、1依次计分；反向题目按照1、2、3、4、5依次计分，即其中每个维度包含题目如下：

“生涯行动”包括第1、2、3、4、5、6、7、8、9题，共9题；

“生涯探索”包括第10、11、12、13、14、15、16、17、18、19题，共10题；

“评估调整”包括第20、21、22、23、24、25、26题，共7题；

“生涯决定”包括第27、28、29、30、31、32、33、34题，共8题。

其中，第28、29、30、31、32、33、34为反向计分。

四、职业生涯规划量表在大学生生涯与创新创业中的应用

大学生生涯规划调查问卷是一种被广泛应用于评估大学生生涯规划和发展的工具。该问卷包含多个问题，涵盖了大学生的个人信息、职业兴趣、职业目标、职业决策等方面。此问卷可以应用于大学生生涯规划的各个阶段，如职业探索、职业决策、职业发展等，帮助大学生了解自己的职业兴趣和特长，明确职业目标和规划方向，提高自我认知和决策能力。此外，大学生生涯规划调查问卷还可以用于研究领域。通过对大量大学生的问卷数据进行分析，可以探究不同社会文化背景下大学生生涯规划和发展的特征和影响因素，为教育、心理学等领域提供理论支持。

第四节 生涯阻碍知觉量表

一、量表介绍

生涯阻碍知觉定义为个体对其生涯发展过程中所面临的有负面影响因素

的认知和评价。该量表是国内学者赵小云编制的，量表由 35 个题目组成，共 7 个维度，分别是背景差别待遇、婚姻家庭制约、父母行为阻碍、学校教育不足、信息探索不足、性格缺陷、技能储备不足。

二、量表内容

生涯阻碍知觉量表，见表 6–5。

表 6–5　生涯阻碍知觉量表

题号	题目内容	生涯发展中我遭遇这种阻碍的可能性				
		完全不可能	有点可能	不能确定	很有可能	完全可能
		1	2	3	4	5
1	对于我未来的职业，我的父母会迫使我按照他们的计划去做。					
2	我可能会因为身体条件不佳（如身高、外貌、健康等）而在职场上受到不平等对待。					
3	我还不确定自己未来想从事工作的性质。					
4	对于未来我想从事的工作，我缺乏所需具备的实践经验。					
5	我认为未来伴侣或小孩的需要会限制我未来的发展。					
6	我觉得所在学校并不太重视大学生的生涯规划教育。					
7	我做事有些冲动，不大考虑后果。					
8	我的父母将他们的想法强加在我未来的职业上。					
9	我可能会因为学历不高而在未来职业生涯中受到不平等待遇。					
10	我不清楚自己所读专业的就业方向。					
11	对于未来我想从事的工作，我的专业知识储备不够。					
12	我觉得所在学校的教育仍停留在应试教育的基础上，对于个人综合素质的提升关注度不够。					

续表

题号	题目内容	生涯发展中我遭遇这种阻碍的可能性				
		完全不可能	有点可能	不能确定	很有可能	完全可能
		1	2	3	4	5
13	我做事好像总是不能把事情安排得井井有条。					
14	我的父母在我生涯准备的过程中干涉太多。					
15	我可能会因为年纪太轻或太老而在生涯发展中受到不平等对待。					
16	我不知道自己适合做什么、能做什么。					
17	对于未来想从事的工作，我缺乏专业技能。					
18	我的婚姻或家庭计划可能和未来的生涯计划冲突。					
19	我觉得所在学校在大学生生涯服务方面（如提供生涯测评，开展生涯咨询或就业指导等）做得不是很好。					
20	在生涯发展中，如果我屡受挫折，我很可能会破罐子破摔。					
21	在未来生涯发展上，父母对我限制太多。					
22	我可能会因为工作经验不足而在职场上遇到不平等对待。					
23	我不知道如何采取行动去得到与自己未来发展有关的信息。					
24	我担心未来另一半可能不支持我的生涯选择。					
25	我觉得所在学校专业设置与现实相差太大。					
26	在生涯困难面前，我很容易妥协，会放弃当前所做的事情。					
27	我的父母和我期待的生涯方向有冲突。					
28	我可能会因为家庭背景不好而影响到自己未来的生涯发展。					
29	不清楚有哪些方式可以帮助我探索未来发展的方向。					

续表

题号	题目内容	生涯发展中我遭遇这种阻碍的可能性				
		完全不可能	有点可能	不能确定	很有可能	完全可能
		1	2	3	4	5
30	在学校的专业学习中，过于重视理论，缺少特定的技能训练与实务经验。					
31	父母不太喜欢我打算从事的工作。					
32	在我生涯发展中可能会因为我的性别而受到差别待遇。					
33	还不清楚未来想从事的工作对我有何要求。					
34	我的专业成绩不好，可能会影响我未来的求职。					

三、生涯阻碍知觉量表在大学生生涯与创新创业中的应用

众多学者认为，生涯阻碍因素常是造成个体生涯发展不顺的主要原因。即使个体有高水平的自信和兴趣，职业进入和职业前进中的阻碍因素仍然会使个体改变他们的职业选择。相关实证研究表明，生涯阻碍因素高，则其生涯发展状况会比较差。生涯阻碍知觉量表可用于评估个体在职业决策和生涯发展过程中所面临的困难和障碍。该量表包括多个问题，涵盖了个体的生涯决策、生涯探索、职业发展等方面。通过对大学生进行问卷调查，可以帮助了解他们在职业发展中所面临的问题和困难，为大学生生涯规划提供重要的参考依据。因此，如果高校的生涯辅导者若对大学生的生涯阻碍知觉有深入的了解，就可据此设计适当的辅导策略以减少或消除大学生的生涯阻碍，进而助其顺利实现生涯目标。

三、计分方式

本问卷共包括七个分维度，即背景差别待遇、婚姻家庭制约、父母行为阻

碍、学校教育不足、信息探索不足、性格缺陷、技能储备不足，共35个题目，采用李克特5点计分法，得分越高表示生涯阻碍直觉越强，其中每个维度包含题目如下：

“背景差别待遇”包括第2、9、16、23、29、33、35题；

“婚姻家庭制约”包括第5、12、19、25题；

“父母行为阻碍”包括第1、8、15、18、22、28、32题；

“学校教育不足”包括第6、13、20、26、31题；

“信息探索不足”包括第3、10、17、24、30、34题；

“性格缺陷”包括第7、14、21、27题；

“技能储备不足”包括第4、11、18题。

（本问卷中无反向计分题目）

第三编　大数据时代大学生专业发展融合创新创业

第七章　创新创业典型案例：基于经济学大数据

一、智能个性化教育平台——智师教育

智师教育是基于高级智能算法的自适应学习系统，以机器学习、语音识别、计算机视觉等人工智能技术和教育大数据作为底层技术支持，做到全知全能，为学生提供精确定位，实现教育千人千面的软件；还可根据系统分析出的数据帮助教师及时调整教学计划和课程设计，以提高备课效率。智师教育通过搭建线下沉浸式智能学习体验打通线下业务，以 VR 技术、全息投影技术等再现真实考场，助力数字化学习在线升级。而面向教育培训机构、各大高校等行业伙伴提供“技术 + 管理 + 品控”的中央厨房式全套解决方案，可助力实现客户多、覆盖广的产品运营。

二、“技术 + 管理 + 品控”的中央厨房式全套服务产品

（一）技术与内容共同驱动的差异化线上学习链

1. 智能前测评

前测评环节通过专业的人格测试及学习能力测试等判断不同学生的个性偏好、学习习惯和学习风格，从源头推荐与匹配最适合学生的教学模型和学习内容，帮助学生智能制订学习计划，开启专属学习路径。

2. 拆解教学模型，构建知识图谱

区别于传统线上教育“教师 + 助教”的手工式双师课堂，平台自主研发

“知名内容教师+捏脸定制AI萌宠”的智能双师课堂，IP化运作使平台更加有料、有爱、有趣。

一方面，专业教师依据大数据库中的优秀教师模型来预先拆解教案，将知识点进行逻辑化打碎与细分，构建详细且全面的知识图谱，并根据已有学习者模型来提前构建适合前测评下的不同学生的学习策略，从而为学生打造网状式、跳跃式的学习路径。学生在学习时完全可根据自身需求自行决定学习内容和学习顺序，挑选合适的教学方法和学习策略，既提高学生的学习效率，也帮助教师依据系统数据及时调整教学计划和课程设计，从而轻松地挖掘出更多学习方法和路径，从低级的重复劳动中解脱，彻底打破传统线性学习的弊端。

另一方面，定制萌宠作为AI加持的智能教师助手，其成长状态与学生的学习状态相关联。AI助手小智，能在各知识点完结与衔接处语音提醒学生合理选择下一步学习路线，并对学生此知识点的学习状态进行总结。当系统监测到学生处于困顿状态时，AI助手小智也会进入睡眠状态，停止辅助学生学习；当学生结束学习课时后，小智会适时提醒学生放松身心，学生也可与小智进行拍皮球等轻游戏。

3. 基于智能算法的自适应学习路径

学生在学习的过程中可针对疑难点自行进行标记，系统通过人工智能、计算机视觉、动作识别和专注度分析等技术探测学生的学习状态，在关联知识点处辅助添加标签，大数据在标记处及时进行相关解答视频或辅助习题的推送并显示其他学习者的知识点选择和链接情况，帮助学习者第一时间解决问题，高效学习。同时借助用户所补充的标签反哺与打磨自适应算法，进一步将学习内容进行超纳米级别的细分，降低教师人力成本。此外，系统通过全流程大数据的收集和贝叶斯网络，动态地描述学生在学习过程中的认知风格、能力水平和情感状态等，做到时时评价学生，真实反馈其学习情况，帮助每个学生更好地完成学习计划。

4. 专属练习，靶向漏洞

课程学习后，系统将综合学生在学习路径中的知识点错误率、疑惑率等靶向漏洞，形成最具针对性、最适合该学生的课后习题及辅导，使学生能够在第一时间得到知识点的巩固、应用和内化。同时系统根据课后练习结果建立学习错题本并返捉知识点，使学习路径越来越贴近学生真实学习水平，帮助学生实现所选知识点的全额或超额掌握。

5. 智能评测学习结果

用户完成学习和练习后，系统将结合用户大数据生成学生专属学习报告，通过情绪识别等技术测评学生学习专注度，通过定向练习得到学生知识点掌握程度，结合各种指标使学习效果可量化和可视化，同时进行用户学习行为数据画像分析，比照学习计划完成率，综合评测学习者特点，让学生更了解自身学习水平和学习能力并有针对性地改进与提升。同时根据已有优秀学习者模型对学生下一步的自主学习进行指引与导向，为学生今后的选课、择校等提供建议。

（二）打造线下沉浸式个性化智能学习间

体验间分固定体验房和移动体验亭，届时都将投放到各大高校及其他教育场所，让学生真实体验 VR 模拟面试等智能服务，以工具化产品迅速获取用户，打通“线上 + 线下”O2O 服务，实现产品的商业化运作。

团队推出了以下三种款式的移动学习间，基本能覆盖全体学生的所有选择要求：

（1）体验版沉浸式移动学习亭：该种款式的学习亭设施最为简约，具有相对简单的语音对话系统等智能装备，支持智师教育系统的部分功能，相对单一，操作流程较为通俗。可为消费者提供相关视频课程，进行简单课程传授和知识学习，形式简易。学习亭所载语音系统无法探测学生的学习状态，消费者从而只能享受智师教育部分独有的自适应学习路径，无法全方面乐享智师教育沉浸式学习体验，乐享学习体验较为欠缺。且学习亭载有平台 80% 的线上视频课，其中不包括名师课堂、智师独家课等精品内容。

（2）畅享版沉浸式移动学习亭：该款移动学习亭搭载平台所有的功能，消费者可以享受到智师教育平台所有的智能服务。包括智能学前测评、定制萌宠伴学、自动探测学习状态、专属学习报告等。学习亭载有 AI、VR 以及动作识别等智能学习装置，能够更好地满足学习者的个性化的学习要求。为了提供良好的学习环境，内饰布置能够基本满足学习者需求。

（3）轻奢版沉浸式移动学习亭：该线下体验亭具有畅享版沉浸式移动学习亭载有的所有功能与服务。在此基础上，对整体装修和配套设施进行全面升级，打造“咖啡馆式”的学习空间。轻奢版沉浸式移动学习亭将提供更加舒适的学习体验和更好的学习效果。不仅提高了智能学习设施的灵敏性和准确度，同时在整体装修上根据用户体验要求反馈进行全面升级，墙体也采用高科技隔音材料。拥有精致大方、隔音安静、清洁方便等优势。

（三）赋能 B 端的标准化全包式服务

智师教育面向教育培训机构、各大高校等行业伙伴提供“技术 + 管理 + 品控”的中央厨房式全套解决方案，实现少客户广覆盖的产品运营，助力实现一站式用户服务及经营提升。

三、多样化可循环的商业模式

智师教育线上智能化的课程体系将通过线下智能学习空间进行商业化运作，而“线上 + 线下”共同形成的智能学习体系将成为我们核心的商业服务。商业模式如表 7–1 所示。

表 7–1 商业模式

<table>
<tr><td rowspan="2">基础业务</td><td>C 端</td><td>投放至高效与其他教育场所</td></tr>
<tr><td>B 端</td><td>投放至各大培训机构</td></tr>
<tr><td rowspan="3">增值业务</td><td rowspan="3">C 端
B 端</td><td>自研 AI 教资付费课程</td></tr>
<tr><td>“技术 + 管理 + 品控”赋能方案</td></tr>
<tr><td>广告招商收入</td></tr>
</table>

另外，平台通过 B2C、B2B（B2B2C）、B2G 三种商业模式实现商业闭环，助力产品实现规模化盈利。

（一）TO C：借助智能算法实现因材施教

平台以扎实的自研内容和深耕的智能算法打造“测—教—学—练—评”学习循环链，通过构建自适应知识网络提供可循环复用且结构化的高质量教学内容和产品，塑造全知全能的学生“私人家教”，充分发挥在线教育差别个性化优势。一方面，前期的低定价配合线下体验空间的推广，能够快速积累数据和用户，用积累的数据打磨出更犀利的 AI 算法，用迭代的算法提供更经济的教学服务。 让用户以更低的价格获得更精准优质的学习体验和效果。此外，借助人工智能对用户数据的动态分析与跟踪，在智师平台中，用户与在线学习平台不再单单是使用与被使用的关系，而是用户与过去自己的社交关系，因为这里有其自己的数据，而利用这些数据为用户的因材施教提供了服务，因而大大提高了平台的用户黏性。

另一方面，学生学习过程中产生的学习数据能够及时帮助教师发现教学问题，修改教学方案，因此智师线上智能学习平台将成为教师的得力助手，平台数据指导教师有针对性地教，指导学生个性化地学，随着双方数据越来越多，整个智慧系统将产生巨大的马太效应，日益精准而智能。

（二）TO B：中央厨房赋能方案

向拥有教师团队的企业输出“系统 + 培训”的赋能方案，共用优质教师资源，节约人力成本；向缺乏优质教师的企业输出“内容 + 系统 + 培训”的全套赋能方案，全包式服务让中小企业也能有很强的教学能力。面向中小学校和高校，依靠教育知识图谱，联合智慧管理、智慧教学、智慧评价、智慧研训和智慧学习等产品模块，服务于包括教育管理者、教研员、教师和家长群体在内的诸多教育主体。

（三）TO G：依托政府采购实现教育全覆盖

平台发展后期，将依托前期的良好基础，通过政府采购的模式发展对留守儿童、偏远地区等地的智能在线教育以及幼儿园教育、小学教育、初高中教育、高等教育、职业教育、精英教育和党建教育的全覆盖。

四、政策技术支持，市场发展可观

（一）宏观政策支持人工智能教育领域发展

教育革命 3.0 时代，各国纷纷出台人工智能赋能计划与政策，推动人工智能与教育的不断深入融合。教育部在《教育信息化十年（2011—2020 年）发展规划》中提出，下一步教育信息化的重点是信息化和教育技术深度融合，由应用驱动。它将不再像以前仅仅是学校买计算机设备，而是切切实实推动技术和教学实践结合。2018 年 4 月，教育部开始研究并制定《高等学校引领人工智能创新行动计划》，设立人工智能专业，进一步完善中国高校人工智能学科体系。

（二）互联网飞速发展背景下的较成熟技术支持

随着现今互联网技术的飞速发展和可观趋势，“ AI+ 教育”所需的技术基础逐渐成熟。智师教育利用较成熟的语音识别、图像处理、文字提取和简单交互等技术进行准确语音操控、拍照检索、表情识别等。同时，5G 技术蓬勃发展，而 5G 的性能目标是高数据速率、减少延迟、节省能源、降低成本提高系统容量和大规模设备连接。依靠 5G 技术使网速大大提升，而且多台设备同时连接，实现多人在线共同学习，AI 智能，也就是人工智能，通过扫描技术，人脸识别到系统中，同步课堂信息，实现无缝衔接，精准记忆，依据大数据物联网技术，分析近日所学内容，制定精确的符合每个学生学习能力与习惯的学习方法，事半功倍。

（三）行业市场的庞大规模与用户成熟的付费习惯

艾瑞咨询显示，2019 年职业教育市场规模超 2688.5 亿元，在线职业教育 393.3 亿元，平台周度上课巅峰数达 120 万人，未来在线职业教育将保持 20% 左右的增速持续增长。此外，中国社会越来越重视教育的现状也使得为在线教育买单的用户数量持续攀升，2019 年全年整体用户累计报名课程数 3430.6 万以上，全年累计学习总时长约 7531 年，用户群体已形成非常成熟的付费习惯，并将在线学习视为提升自我知识素质和技术水平，节约教育资本的举措。现今拥有庞大规模的教育行业已基本完成向自主学习优胜劣汰的转变，知识的范围越来越广泛，教育所面临的千人千面的问题也愈发明显。知识逐渐细分的类别、学生的水平和对教学的接纳程度及自主学习能力等使得人们对于可自控性的、个性化的、贴合性强的学习模式和工具有着强烈的需求。

五、综合优势突出

（一）人工智能加持的核心技术优势

1. 降低优质教师资源成本

教育赛道中大部分都是灌木型企业——死不了，但是始终长不大。根本原因是优质教育资源稀缺的痛点令诸多教育企业遭遇发展瓶颈，同质化的竞争方式与粗放的服务方式制约其规模化发展。而智师教育借助于高级智能算法的人工智能技术，让优秀教师教学质量的标准化、批量化成为可能，借助 AI 技术赋能所构造的网络状自适应学习路径，平台可实现“一网对千人”，大大节省教师人力资本，提高学生个性化学习效率。

2. 提高学习效果及反馈速度

线上教育一直以来以“完课率”（即有多少比例的用户能把全部课程完整学完）为最核心的学习效果评测指标，缺乏准确性与价值性。智师教育借用 AI 技术缩短学习反馈周期，使学生学习效果的反馈以可视化和可量化的方式贯穿整个学习过程，且通过计算机视觉、语音识别、情绪识别、自然能语言处理等技术增加注意力（有没有打瞌睡等现象）、情绪变化、兴奋度等“过程指标”，将评测结果双向反馈于学生和教师，帮助教师及时调整教学方案，帮助学生及时填补漏洞。

（二）依托高水平研究平台

智师教育诞生于重点师范高校山东师范大学，作为“教育部人文社科重点研究基地”“国家建设高水平大学公派研究生项目”“教育部国培计划”“卓越教师培养计划”入选院校，山东师范大学拥有众多优质师资所组成的智囊库，建立起扎实的自研内容体系，同时不断创新，把技术和教育进行充分结合。

（三）契合应用场景的数据壁垒

打造人工智能的核心有三个：算法、计算资源和数据。由于人工智能算法的分享和传播非常快，目前元宇宙、谷歌等互联网巨头公司都大力倡导开源，所以算法并不是壁垒；而计算资源现在则可以通过购买等渠道获取，比如各种形式的云计算等，因此也不是壁垒；只有拿到契合使用场景的用户行为数据，才是真正的竞争壁垒，获取数据和处理数据的能力将成为强弱公司的分水岭。

（四）高性价比的价格优势

在线教育相较于传统教育的初期成本构成不同，在场地租金及教师工资等方面结余的资本可投放到技术的研发与创新中，而一旦系统建立，平台运营，其后期的边际成本几乎可以忽略不计。因此智师教育课程价格对整个在线教育行业来说都是具有颠覆性价格优势的，如此低廉的价格使用户的试错成本降低，购买意愿增强。

（五）多样化可循环的商业模式

智师教育通过 B2C、B2B（B2B2C）、B2G 三种商业模式形成可循环的商业闭环。C 端模式使得智师较易起步与推广，为后期发展奠定基础；B 端模式不仅能节约师资成本提升平台营收，还能通过 B2B2C 的形式实现少客户广覆盖的效果；G 端模式通过政府购买提高企业社会知名度，吸引更多 C 端、B 端客户的同时促进实现企业愿景。三种模式相互配合，保证平台可持续化运作。

（六）高用户黏性的社交化运营

一般的在线教育平台属于非社交性的工具类产品，不具备较强的用户黏性，可替代性强，其与用户之间往往止于使用与被使用的关系。而智师教育通过引入可私人定制的学伴萌宠“小智”、搭建用户自由交流的“知识星球”等社交化手段来提高用户黏性，因用户在平台上与过去的自己以及众多的情感载体建立起的社交关系而成为其学习生活中不可替代的应用平台。

六、对大学生创新创业的启示

通过对“智师教育”的研发、运行等方面的了解，大学生创新创业中可以得到如下启示：大数据技术飞速发展，大学生创业只有牢牢抓住大数据这一新兴领域，将创意与大数据融合，才能在众多的创业项目中脱颖而出。大数据的运用并不只是进行数据的收集、整理与分析，而是可以跟随不同的方向进行相应改变和调整。例如，在“智师教育”中运用大数据对每位学生的学习情况、知识点错误率、练习效果进行分析，从而有针对性地对每位学生进行辅导。大数据不仅是大学生创新创业的工具，同时也可以为大学生的创新创业提供新的思路，培养大学生的大数据意识和大数据思维。因此，合理运用大数据对于大学生的创新创业是一种助力。

“技术 + 管理 + 品控”的中央厨房式全套服务产品也是很值得大学生借鉴的。“智师教育”从第一步的智能测评环节开始到最后的智能评测学习结果环环相扣。这样无论是提供给教育培训机构还是各大高校等行业伙伴，都有助于实现一站式用户服务及经营提升。

在产品的基础上，商业模式也至关重要，商业模式关系着产品未来的发展方向，以及该产品的盈利规模。少投入、多产出、可循环，可实现规模化盈利的才是一种优秀的商业模式。大学生不妨考虑一下该如何实现可循环的商业模式。单一的商业模式是极不稳定也很难实现规模化的商业模式，因此多样化的商业模式才是比较好的选择，如“智师教育”将其业务分为“基础业务”和“增值业务”两大板块，每个板块中又划分了几种业务方式。从产品的投放到广告招商，不同时期的商务模式是不同的，这样产品所能带来的收益才是长久而稳定的。

第八章　创新创业典型案例：基于文学大数据

第一节　言语障碍者与外界的双向桥梁——智译手语翻译

新华社记者从 2011 年首届中国国际听力康复大会开幕式上获悉，目前我国有约 2780 万听力障碍者，庞大的听力语言残疾人口数量使得言语障碍者的交流问题变得尤为突出。然而现有的针对残障人士的助残用品多集中于视力与肢体残疾人士的辅助用品上，而言语障碍者往往被人们忽略。智译手语项目提出一种基于动态手势识别的手语翻译交流系统的设计方案，该作品具有手语翻译精度高且便于携带的优点，可以使言语障碍者与正常人进行顺畅的交流。该系统实现了双向翻译，不仅可以将言语障碍者的手语手势翻译成正常人可以理解的文字或者语音形式，还可以将正常人的语言进行语音识别转换成言语障碍者可以理解的手语并进行动画形式的播放，有效地解决了言语障碍者与正常人之间的交流问题。

本项目有以下几点优势：①技术方面：利用体感控制器（ Leap Motion ）进行双目手势数据的采集；采用神经网络等机器学习算法对手势数据进行训练；建立了合理充分的手语手势数据库；借鉴乔姆斯基（Chomsky）的一个自然语言合法且合理的句子生成系统（LRSGS）进行句子生成。②硬件方面：设备体积小，便于携带；功耗较低，使用时间长且对硬件要求低。③市场方面：弥补了手语翻译产品的空缺。一方面，社会生活中言语障碍者个体数量众多，该产品可以帮助他们解决与正常人之间的实时交流问题；另一方面，对于我国的相关公益组织、协会等机构，该产品可以为它们提供更多的方便，产生更大的社会效益。

第二节　智译手语翻译团队管理

一、成员各有所长、分工明确

山东心语科技有限公司前期创业团队由 10 名成员组成，分别来自通信工程、计算机科学与技术、经济学、物联网专业。团队成员受到了专业的软硬件技术培训和专业的财务管理、销售分析培训，具有较强的自学能力和丰富的实践经验。

二、管理架构清晰、明确

公司初创成员职务分别为：总经理 1 人，副总经理 2 人，财务部经理 1 人，技术部经理 1 人，销售部经理 1 人，人事部经理 1 人，市场部经理 1 人，技术总监 1 人，普通员工 2 人。

（1）总经理主要经历：熟悉 C++、Java 等编程语言及使用 HTML5、CSS3、Bootstrap、jQuery 等技术进行网页开发和设计，熟悉掌握 Ps、Au 等软件的使用技巧，并有丰富的实践经验。对手势识别有较多研究。

（2）技术总监主要经历：2014 年 1 月于中国科学院计算技术研究所获计算机应用技术博士学位。攻读博士期间参与北京市文化创意产业发展及上海市体育仿真专项等多个纵向和横向项目。曾连续两年被评为中科院计算所虚拟现实技术实验室优秀研究助理，获得中科院计算所“所长优秀奖学金”，被授予中国科学院大学“三好学生”“优秀毕业生”等称号。目前在研科研项目 2 项，发表文章十余篇。

（3）副总经理兼技术部经理主要经历：多次参与数据挖掘比赛和算法大赛。熟练使用 C++ 语言进行算法设计和优化，使用 Java 语言进行后台开发，使用 Python、MATLAB、SPSS 进行数据分析和处理。主要的领域擅长机器学习、深度学习、数据处理与分析。对手势识别有较多的研究，将 Unity3D 与 Java 结合，并利用机器学习技术进行手势识别和手势控制。

（4）副总经理主要经历：擅长 C++、MATLAB、SPSS 等编程语言和数据处理工具。擅长 Office 办公软件，组织大型比赛，信息科学与工程学院创新创业部委员，获得多个校院级奖项，学习成绩优异，有较强的团队协作，组织合作能力。

（5）技术部副经理主要经历：荣获齐鲁软件设计大赛三等奖，任信息科学与工程学院社会实践部副部长。

（6）市场部经理主要经历：善于沟通交流，具有较强文艺细胞及组织能力，文字及图片处理能力较强，擅长视频图像处理软件。具有较强的自学能力，擅长 C、C++、Python、Java 等编程语言。

（7）人事部经理主要经历：山东师范大学科技协会总监察、实验室优秀志愿者，科研导师团队成员，参加 2017 年山东科技创新大赛。擅长运用图像处理等软件，并有多种实践经验，有较强的组织协调能力，熟练使用 C 语言、HTML 等编程语言。

（8）财务部经理主要经历：任班级班长。专业素养较强，考取 BEC 商务英语、证券从业资格证等证书，熟练使用 Office 办公软件，参与多项社会实践及创新创业项目。

（9）销售部经理主要经历：山东师范大学科研团队负责人，山东省物联网创造大赛一等奖，蓝桥杯 C/C++ 组省二等奖，2017 数学建模省二等奖，并参与“互联网 +”大赛项目等。擅长 C 语言、Python、C++ 等编程语言，PS、MATLAB、SPSS 等数据处理软件，掌握单片机等。

（10）普通员工主要经历：信息科学与工程学院学生会党团部委员，科研导师团队成员，参加过多次志愿者活动，有较强的组织能力和协调能力，擅长C语言和Office办公软件。

（11）普通员工主要经历：山东师范大学科研导师团队成员，目前是院教学建模竞赛负责人。熟练使用Protege软件，擅长Office办公软件。

三、遵循四项基本理念

（1）民主化：公平、公正是公司存在和发展的前提。该项目团队计划在全公司实行民主制度，本着民主和公平高于一切的态度，坚定不移地打造民主化企业。

（2）体制化：知识和人才是科技公司发展的命脉，合理化的技术知识管理体制便尤为重要。公司力求全员能够学习运用知识，并且毫不动摇地保护知识产权，用合理的体制进行技术革新并用于实践。

（3）鼓励创新：作为高科技企业，创新是进步的源泉，谁掌握了尖端技术谁就有发言权，因此该公司会设立一定的创新基金，给予全公司人员创新动力，鼓励创新，激励创新。

（4）造福社会：项目团队基于动态手势识别的手语翻译系统项目本就是为语言和听力有障碍人群这一类弱势群体而打造的，在以后的发展中，我们也会秉承造福社会的宗旨，将科技创新与关注弱势群体相结合，顺应潮流，惠及民生。

四、创新型人力资源管理模式

公司主营的是科技产品，人力资源管理对于公司的成立与发展有至关重要的作用。而人力资源成本的控制对于公司产生、维持、提高利润有积极的作用。因此，公司将人力资源的获得、培养、激励与利用结合起来，有效地进行整合。公司实行制度化管理模式与人本主义管理模式相结合，一方面制定相关的规章制度约束员工的行为；另一方面给员工以创造、研发的自由，强调个体在组织中的作用，更好地调动员工的工作积极性，使组织更具有活力。公司致力于打造研发创新型团队，形成创新文化，跟随时代发展不断学习新知识、新技术，并将其灵活运用于本产品。现在集中对人才招聘、员工培训开发、绩效考核这三个核心内容进行逐一介绍。

1. 人才招聘

人才招聘按照企业的经营管理战略将合适的人才招募到企业中来。主要由网上招聘、校园招聘、猎头招聘、人才推荐等方式组成。

除了通常的管理、销售人才，针对公司业务方面的专业性，公司的发展过程中需要不断补充专业设计人才，因而与高校建立相应的合作关系就显得尤为重要。

（1）参与每年的毕业生招聘会，在招聘会上选拔优秀人才进入公司。

（2）与各院校形成战略合作关系，可直接与各院校达成意向书，选拔优秀人才。

（3）提供实习机会。在此过程中促进与高校人才的交流，输入企业文化，留下表现优秀的人才。

（4）提供奖学金。成立专门的奖学金，为出色的科研人才提供物质奖励，同时形成公司出资助学的模式，为家境贫困的同学提供学费完成学业，并签订劳动合同，实现互利双赢。这一方式也能大大提高公司在高校的知名度。

2. 员工培训

为了最大限度激发员工的潜能，并帮助新员工尽快适应工作，公司对其进行培训，培训内容有企业文化培训、规章制度培训、岗位技能培训及管理技能开发培训等。

工作内容：了解公司内部培训需求，制订培训计划，开发培训课程，建立、完善培训体系；组织培训材料，开发利用培训辅助设施；设计培训评估体系并跟进培训后效果反馈；指导相关部门贯彻落实各项培训项目；控制培训支出；管理培训师，监督、评价其工作方法及工作效果；跟踪外部培训市场变化，联系各类培训机构，发掘并利用外部培训资源，办理好员工外部培训有关事宜。

具体操作如下：

第一，建立健全培训制度，完善培训内容。公司将从以下几个方面入手：培训过程中，明确各部门责任和需要达到的效果；优化培训的流程，使培训更加顺畅、高效；完善培训的内容，各部门结合自己的培训要求，订立培训时间表，确定培训大纲、内容、考核方式。

第二，完善培训定期考核和最终考核制度。对整个培训流程进行组织，制定整体的培训时间表、培训大纲和培训内容，并以此对培训过程进行定期考核、对最终培训结果进行评估。

第三，结合各部门职能要求，各岗位的要求情况，对职工的工作能力、工作情况进行调查，安排员工培训，使其更加适应工作需要，达到甚至超过岗位要求。

3. 绩效考核

绩效考评制度是指对照工作目标或绩效标准，采用一定的考评方法，评定员工的工作任务完成情况、员工的工作职责履行程度和员工发展情况，并将上述评定结果反馈给员工的一种制度。绩效考核制度的规范化和人性化不仅是一种公平、客观考核员工绩效的方式，而且是更好地激励员工工作的前提。公司设立业绩、态度、能力三维度考核方式。

（1）业绩考核。对员工设计计划和任务的完成情况，从速度、质量、安全及顾客满意度等方面进行分析评价。

（2）能力考核。评价员工执行工作所必须具备的能力大小，主要包括理解能力、计划能力、执行能力、指导能力和知识能力。针对设计人员，主要考核的是设计能力与执行能力。

（3）行为态度。考核员工对工作的积极性、责任心、协作性及设计知识的学习热情。依据考核结果，实行末尾淘汰制，留用有效设计人才。针对联盟人才质量，主要采取竞标方式，签订合作协议，进行一定的奖惩措施。

五、全方位激励机制

在激励机制方面，要用最大化利润回报员工。不仅要在建立养老、医疗保险等方面按法律法规要求办事，还要不断进行分配激励机制，提高员工收入。此外，公司还将积极探索其他方案，以积聚和凝聚专业人才，为企业的长远发展夯实基础。

（一）薪酬激励

公司内部进行职位评估，根据职位要求的能力、复杂性、职责、任职条件等诸多因素进行评估，薪酬按照排序结果进行定档定级。同时，也用弹性福利计划激励员工，如实行退休保障、住房补贴、带薪休假等福利政策。

（二）目标激励

公司实施绩效考核与浮动薪酬或奖金的设计，根据目标完成情况进行考核，考核结果与浮动薪酬和奖金实行联动，多劳多得，付出与回报真正成正比。

（三）成长激励

通过培训计划，提高员工的工作能力。鼓励员工学习，提供学习帮助，让员工知识多元化发展，以帮助员工成长为最终目标。

（四）精神激励

关怀员工，通过在日常工作中为员工提供更好的工作和休息环境，节假日为员工发放福利等方式关怀员工；采纳建议，在公司设置意见箱，让员工充分表达自己的意见；公开奖励和表扬，为优秀员工颁发荣誉证书，在公司刊物发表文章表扬，设立优秀员工光荣榜。

第三节　智能化手语翻译便捷产品

一、智能化手语翻译

（一）核心技术支持

智能手语翻译项目是一个用于解决言语障碍者与正常人交流沟通问题的手语翻译系统。该系统利用体感控制器（Leap Motion）进行手语手势采集，通过神经网络等算法对手语手势数据进行训练并建立手势数据库，借鉴乔姆斯基（Chomsky）的一个自然语言合法且合理的句子生成系统（LRSGS）进行句子生成。具有手势识别、语音播放、语音识别等功能。其翻译高精度、操作简单、便于携带等优点克服了传统语言辅助设备的不足之处。

（二）便捷功能产生

该产品具有手势识别、语音播放、语音识别等功能。一方面，该产品可以对言语障碍者的手势进行采集识别，然后转换成文字形式并进行播报；另一方面，该产品可以对正常人的语音进行识别进而转换成文字并进行手势翻译。该产品为言语障碍者之间、言语障碍者与正常人之间的交流提供了极大便捷性。

二、扎实技术路线，搭建双向桥梁

（一）手势数据库建立

1. 手势数据录入

该产品是一种基于动态手势识别的手语翻译交流系统，该系统的实现过程：使用体感控制器（Leap Motion）对手势数据进行录入，将录入的数据存储为一个时序数据流，并为其设置一个 label，即该手势数据流对应的手势含义。

在手势录入过程中，会对一个手势进行反复录入，多次采集数据，并进行数据处理，最终确定出一个最合理的标准化数据向量作为该手势的数据形式。

体感控制器（Leap Motion）是一种可以识别和追踪手掌及手指移动的设备，该设备具有精度高、跟踪数据帧率快等优点，将 Leap Motion 作为手势数据的采集设备，可以提高数据获取的频率，降低数据误差。

Leap Motion 使用红外 LED+ 灰阶 Camera 的方式生成数据，系统采用右手直角坐标系，原点在 Leap Motion 的顶部位置，+X 轴平行于设备的长边，+Y 轴垂直于设备，+Z 轴平行于设备的短边（如图 8–1 所示）。在每一次手势数据的获取过程中，由于手势起始位置的随机性，无法保证每一次的手部运动都限定在同一个空间范围内，因此，采用手部的相对运动位置进行处理。假设每一次的手势起始点都做原点，因此，需要对采集到的手势位置数据进行平移处理。

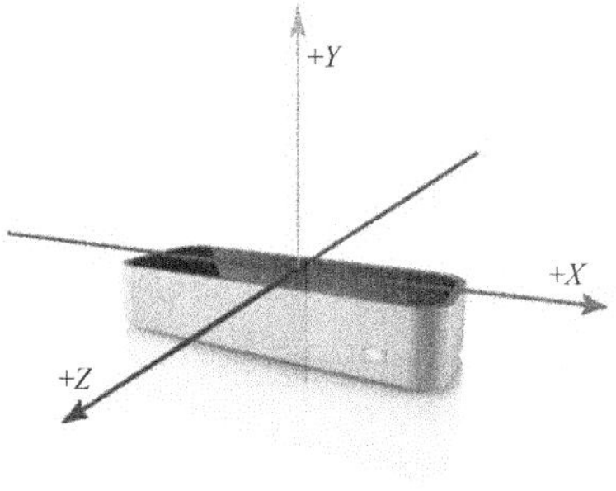

图 8–1　Leap Motion 获取数据原理

在使用过程中，Leap Motion 传感器会定期地发送手部数据信息，每份这样的信息叫作“帧”，每一个“帧”监测到的信息有：（1）所有手掌的列表和信息；（2）所有手指的列表和信息；（3）手持工具的列表和信息。

Leap Motion 会给该信息分配一个 ID，该 ID 作为序列编号，进一步确定了数据流的顺序。对于每一只手而言，采集的数据有：

（1）手掌中心的坐标（三维向量，相对于坐标系原点，单位为毫米）；（2）手掌的运动速度（毫米 / 秒）；（3）手掌的法向量（垂直于手掌平面，从手心指向手外，如图 8–2 所示）；（4）手掌朝向；（5）根据手掌弯曲的弧度确定虚拟球体的中心，如图 8–3（a）所示；（6）根据手掌弯曲的弧度确定虚拟球体的半径，如图 8–3（b）所示。

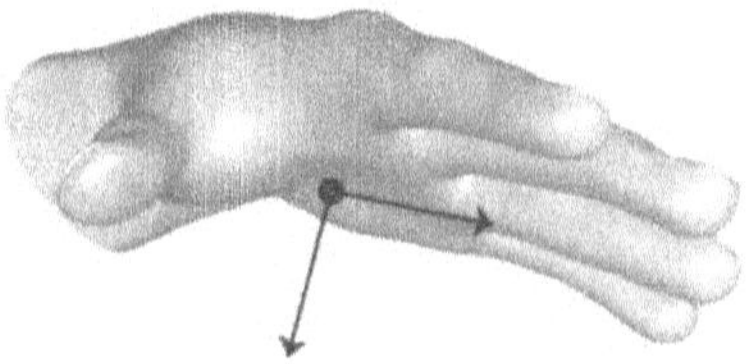

图 8–2　手部向量模型

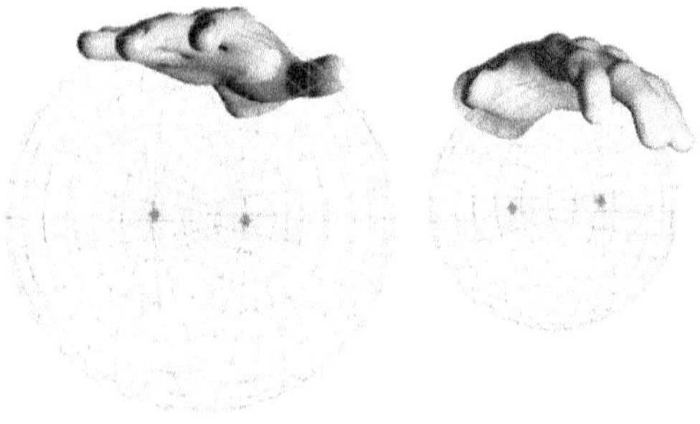

（a）　　（b）

图 8–3　手掌弯曲的弧度确定相应参数

2. 手势数据特征提取

对于一个哑语手势而言，每一个手势都是动态的，因此对于 Leap Motion 的高速帧数据进行间隔采样，对每一个手势取 30 个等间距时间点的数据作为表示该手势的数据。而对于每一个时间点而言，该时间点帧数据体现为一个数据向量。

将 44 个手势特征构建一个 44 维的行向量，作为该时刻的手势数据（如果左手或右手不在识别范围内，相关数据设置为无穷大）。对于每一个手语手势而言，采集 30 个时间点的手势数据，即每一个手势包含 30 个 44 维的数据向量。那么一个手势对应一个 30×44 的二维矩阵，因此集合卷积神经网络的基本原理并对网络进行修改，实现对手势模型的训练。分别对每一个手语手势采集 100 次作为训练集数据，多次采集数据样本能够进一步降低数据的误差。将上述采集到的数据进行基本的分析，判断该手势数据所描述的手势的大致轨迹是否与对应的手语手势基本一致，将偏差较大的数据进行剔除，并对数据进行规范处理，然后将处理好的数据在改进的神经网络模型中进行训练，得到预期的手势识别模型。当实时采集手势数据并进行手势识别的时候，将数据流作为测试集，并利用训练好的模型进行运算，确定该手势数据归属的标签，从而解析出手势所对应的含义。

在手势识别的数据采集上，考虑到人在表达手语时的手势变化在时间上是秒数量级的，因此对连续数据进行抽样（抽取 30 个等间距的时间点），得到离散数据来描述动态手势过程是合理的。通过提前采集好的数据进行训练，建立手势数据库并训练手势识别模型。

卷积神经网络（CNN）是一种深度学习模型，能够自动对输入的数据进行特征提取和特征映射，最后完成所需要的分类模型。卷积神经网络最初应用在图像处理领域。输入一个数值向量，即上文所述的 30 组 44 维的数据向量，输出为该向量组（可以视为一个矩阵）所属的 Label。Label 即预先训练的标签，是所有常见的手势含义，如早上好、吃饭、聆听等。神经网络的简单原理如图 8–4 所示。

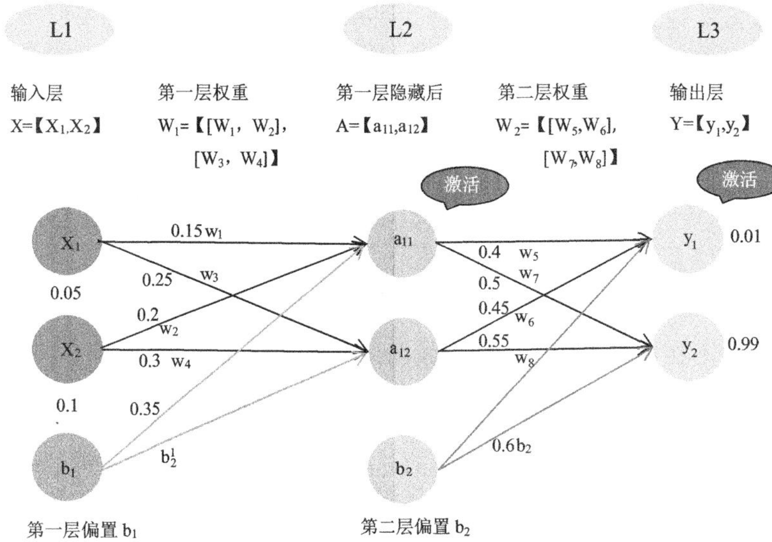

图 8–4　神经网络的简单原理

可以说，神经网络就是由一个个逻辑回归模型连接而成的，它们彼此作为输入和输出。图 8–4 中第一层为输入层，在该问题中输入为手势向量（30 个），需要 30 个输入神经元，中间为隐含层，层数不超过 100，以实际的训练效果决定。当隐含层的层数过大时，就会使处理速度变慢，不适合实时处理。输出为手势含义，神经元的个数取决于训练过的手势库中的手势总量。

3. 移动端手势数据库建立

对于目前较大的用户市场而言，手机已经成为最普及的电子设备，因此，将算法部署在手机应用中，会获取到更多的用户群体和商业市场。针对移动端设备，无法使用 Leap Motion 等深度相机进行数据采集和处理，因此，需要建立基于 RGB 图像的数据库，而不会使用深度信息。采用普通的 1080P 相机获取大量的手部数据，然后对手部关键点进行人工标记，构建数据库。对于手部关键点标记方案，根据经典的标记方式，采用 21 个关键点标记方式，如图 8–5 所示。

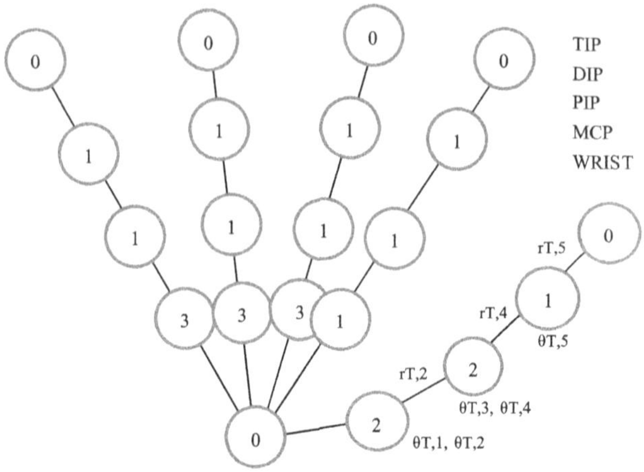

图 8–5　经典标记方式

其中每一个关键点刚好对应手指的每个关节。根据图 8–5 所示，对采集到的数据集进行人工标注。在算法模型训练的时候，首先使用开源的标准数据集进行训练，然后利用 fine–tune 思想，在独立数据集上进行二次训练，从而提升算法的场景适用能力。

采用录制视频的方式进行数据采集，在视频中，手部会进行 360 度的运动和旋转，从而获取到多种手部运动信息。每个视频在 5 分钟左右，初步 50 人为例。在采集完成后，将视频转换为图片，经过数据处理，去除不合理的图像，将合适的手部图像进行人工标注，并以 XML 的形式进行格式构建。

（二）嵌入式手势识别

1. 手势数据处理

由于在使用手语进行交流的过程中，手势是连续变化的，难以确定每一个手势的结束点与起始点，如当表达“我在吃饭”的时候，该手语应该切分成两部分进行处理，分别是“我”和“吃饭”，因此切分手语是一个比较困难的问题。假定使用者的手语速度不会过快，在数据监测过程中，如果与0.5秒钟的手势数据帧基本吻合，即使用者在该时刻发生了停顿，可以认为上一个手势已经结束，将该点作为切分点。

将切分好的手势数据段分别等间距取样30个，将30个数据向量输入到提前训练好的模型中，进行识别分类。

2. 手势识别结果

通过上述的手势数据处理后，得到一个中文词组，然后需要将该词组中的词语组合成一个合理的句子输出，在该过程中我们借鉴乔姆斯基（Chomsky）的一个自然语言合法且合理的句子生成系统（LRSGS）进行句子生成。

（三）移动端手势识别

1. 识别技术难题

（1）对于移动端设备（手机）而言，大部分设备的CPU计算性能远小于电脑及嵌入式芯片的计算性能，因此，对于高精度的实时手势识别算法而言，造成了十分大的难度。

（2）对于移动端设备，在程序运行的过程中，功耗相对于普通程序更大，从续航的角度而言，降低运算复杂度显得更加重要。

（3）对无深度信息的手势信息进行识别时，由于只能从平面图像中提取信息，因此识别的精度会降低，而且对于手部空间位移的判断产生了极大的影响。在对手部关键点进行检测的过程中，由于手部灵活度较高，运动场景十分复杂，相对目前常见的人脸检测技术，难度更大。

2. 手势识别算法

对于进行深度学习部署的设备，深度学习需要较大的运算量与移动端设备有限的计算能力之间存在着无法改变的矛盾。因此，有效地对深度学习算法进行优化加速，是实现深度学习算法部署的重中之重。

因此，针对离线的移动端手语手势识别技术，算法步骤如下。

（1）使用安卓平台调用手机端的摄像头获取到实时的高清视频数据；

（2）将获取到的视频数据传输到后台进行处理；

（3）采用特殊构建的卷积神经网络结构对数据进行逐帧识别检测，获取到每一帧的关键点信息。针对已经识别出手部的关键点信息，使用循环神经网络技术进行建模预测，将多帧关键点数据融合识别出对应的手语手势标签，完成最后的实时手语检测过程。图 8-6 为手部关键点提取网络结构，输出结果为 21 × 2 的预测向量，分别为 21 个关键点；

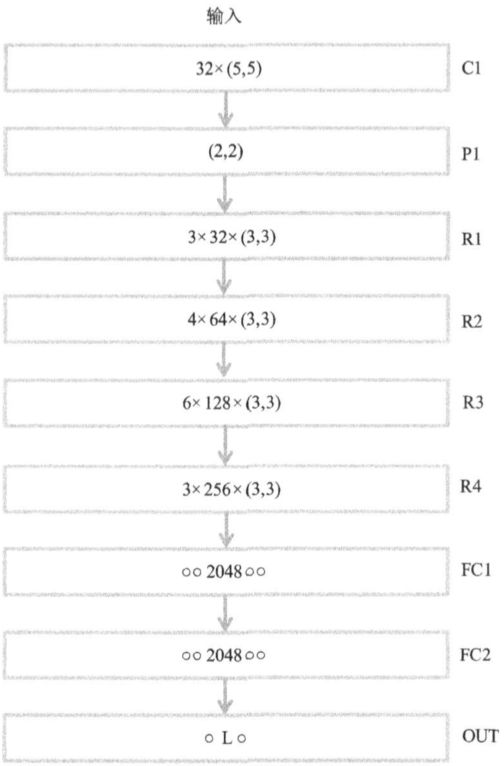

图 8-6　手部关键点提取网络结构

（4）将检测结果反馈给前端，以合理的方式展现给用户。

（四）移动端与嵌入式端优化策略

移动端深度学习在增强实时体验效果、降低云端计算的负载、本地处理的稳定性及用户隐私的安全性等方面都有天然优势。在过去，由于深度学习算法模型复杂，计算量十分庞大，并且受移动端资源的限制，大部分深度学习引擎都会部署在云端。移动设备获取到输入数据，然后经过一定的预处理，发送给云端，云端服务器利用深度学习算法进行推理计算，将得到的结果反馈给移动设备。对于该方式，非常依赖设备的网络环境，当网络环境较差的时候，就会出现非常大的延迟。不仅如此，在一天中达到移动设备应用使用量峰值时，短时间内用户请求量过大。会使云端服务器超负荷，有服务器宕机的可能。

随着移动设备的发展，处理器核心逐渐过渡为64位，并且针对相关算法对芯片进行特殊改造，使其内部架构可以更好地适应矩阵运算。对于深度学习，很多框架技术开始向移动端发展，使得算法可以针对特定的ARM架构进行优化加速，这使得深度学习引擎部署在移动端成为一个必然的趋势。

目前，大部分移动端处理器都是基于ARM架构，移动端完成深度神经网络推断的任务，基于CPU的方案是最基础的，也是最可靠的。对于移动端GPU而言，存在兼容性、数据同步、接口不满足、功耗较大等问题。因此，针对于ARM的优化是实现离线算法系统部署的关键问题。

1. 模型精简

对于复杂的神经网络而言，庞大的参数量是一个非常复杂的问题。对于模型参数压缩，采用Deep Compression量化算法，主要分为三个部分。第一部分是剪枝，第二部分是量化，第三部分是哈弗曼编码。

在模型训练的过程中，经过多次迭代会不断通过反向传播去训练参数矩阵。当网络收敛到一定的程度时，设定一个阈值 a，凡是小于阈值 a 的参数都认为是对输出结果影响较小的参数，删除该参数，此时模型将会变为不收敛状态。因此，进行下一轮的迭代收敛，在上次确定的阈值的基础上，扩大为新的阈值，重新过滤参数。多次处理以后，权重矩阵会变为一个高度稀疏的矩阵。

对于剪枝后的矩阵，再进行量化，也就是一种权值共享操作。对于高度稀疏的矩阵，在存储的过程中，采用定点压缩的方式进行存储。

2. 网络层精简

对于 CNN 的一些变种结构，比如 Alexnet、VGG19 及 ResNet 等，网络层结构复杂而且卷积核数量较多，因此，使得对于单张图片的计算量大幅度上升，为了能够加快神经网络的推理速度，使用采用分离卷积的形式对普通卷积层进行优化。普通卷积方式如图 8–7 所示。

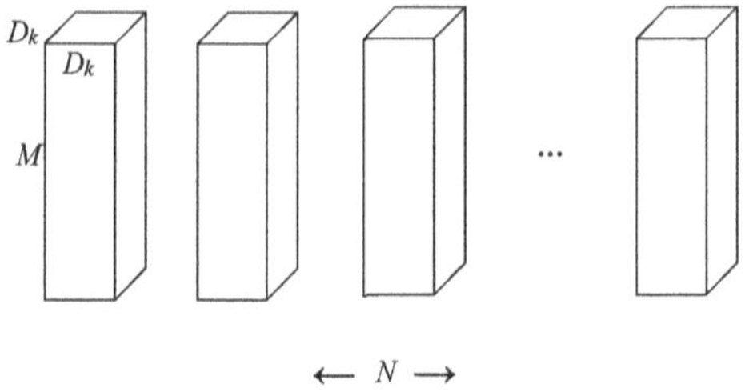

图 8–7　普通卷积方式

通过使用 1×1 卷积实现分离卷积层，如图 8–8 和图 8–9 所示。

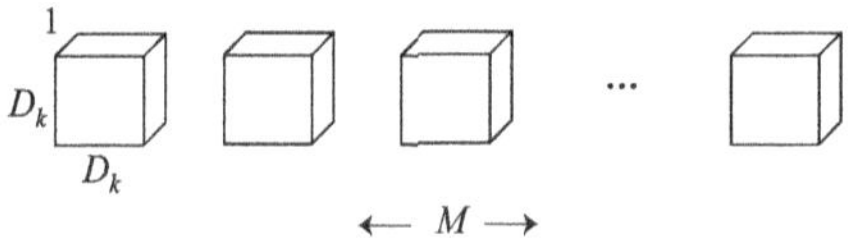

图 8–8　1×1 卷积（1）

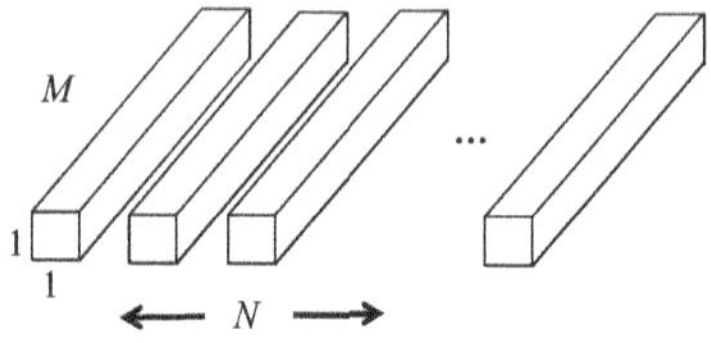

图 8–9　1×1 卷积（2）

3. C/C++ 优化

为了提高在移动端的运算速度，采用 Java 调用 C++ 的方式进行实现。将 C++ 功能使用 NDK+JNI 进行封装，然后用 Java 调用链接库中函数接口。使用

C++ 实现算法，一方面可以更好地对底层进行处理，另一方面 C++ 本身运算速度极快。结合 C++ 的语言特性，使用多线程处理、C++ 优化、缓存优化等技术进行性能提升。在 C++ 程序设计的过程中，采用循环展开、内联、分支优化等技术进行细节优化。

在神经网络处理的过程中，卷积运算会在单线程上进行串行，如果使用多线程技术，可以在数据处理过程中，实现并行运算，提高运算速度。而且，在复杂的网络推理过程中，可以使用另一个线程提前将图像数据放入缓存区，这样在一定程度上解决了因为 I/O 而导致等待时间加长的问题。在实现多线程的时候，首先采用静态调度的方法，将循环等操作平均分给每一个线程进行处理，如果在实际执行的过程中，出现负载不均衡的情况，此时会引入动态调度机制，根据各个线程之间的运行速度，确定是否进行线程之间的协助。

4. Neon 汇编计算

Neon 是针对于 ARM Cortex-A 和 Cortex-R52 系列处理器的 64/128 位混合 SIMD（单指令流多数据流）结构。对于图像处理过程，其中存在大量的重复性运算，而控制指令相对较少。因此，在 Neon 寄存器上进行数据运算可以有效地提高多数据流处理的效率。Neon 寄存器结构如图 8-10 所示。

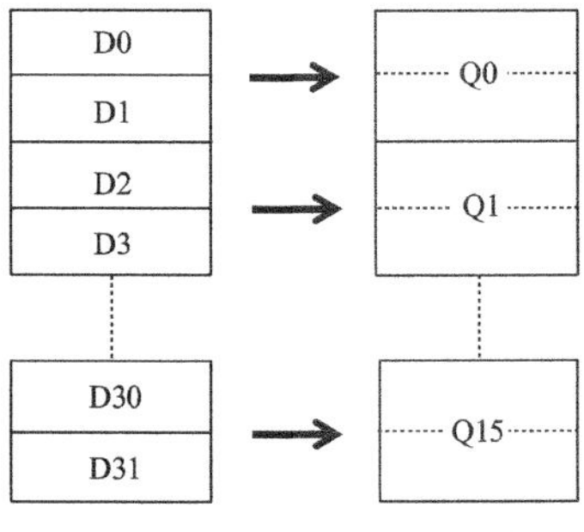

图 8-10 Neon 寄存器结构

（五）语音识别与动画显示

采用第三方合作的方式，调用语音识别 SDK，对语音数据进行识别，然后转换为文字信息。由于在数据库中数据标签是独立的，每一个数据标签都是单独的词汇，因此，对于一个完整的句子，需要进行关键字提取技术。从句法角度考虑，句子主要由名词进行语义的表达，因此，通过提取关键字的方式，可以过滤掉大量的连接词与停用词等，一方面可以提高语义识别的精确度，过滤掉干扰信息；另一方面可以提高算法的运行速度，大幅度降低无用信息的干扰。在技术处理方面，采用自然语言处理（NLP）的中文分词技术。对于分词技术，主要有以下两个类别。

1. 基于词典的分词算法

基于词典的分词算法即字符串匹配分词算法。该算法首先需要建立一个好的庞大的词典，然后按照一定的算法策略将待匹配的字符串与该词典中的词进行匹配，如果检索成功，则完成匹配，识别了该词。常见的匹配策略有正向最大匹配法、逆向最大匹配法和双向匹配分词法。因此，目前基于词典的分词算法是应用最广泛、分词速度最快的。不过为了进一步提高分词的效果，我们把机器学习算法与词典技术相融合实现中文分词。

2. 基于统计的机器学习算法

基于统计的机器学习算法主要是以隐式马尔科夫算法（HMM）、条件随机场（CRF）、支持向量机（SVM）、深度学习（Deep Learning）等算法为主。使用机器学习算法和词典相结合的方法，一方面能够提高分词准确率，另一方面能够改善领域适应性。我们使用双向长短时记忆神经网络（Bi-LTSM）+ 条件随机场（CRF）的形式进行中文分词。使用双向长短时记忆神经网络同时考虑了过去的特征（通过前向过程提取）和未来的特征（通过后向过程提取），然后将 Bi-LSTM 的输出概率矩阵输入条件随机场中，经过建模得到序列标注（Tag）。

根据得到的关键字，利用动画形式进行手势展示。在进行动画展示时，根据关键词在手语手势动画数据库中进行检索，然后按照关键词的顺序将动画进行拼接，并显示在屏幕上。

在动画展示方面，提前以人工方式录入每一个词语对应的手势短片，在实际显示时，只需要按照词语顺序将短片播放即可。

三、多样化应用场景

产品分为嵌入式产品以及移动端产品。嵌入式产品是一个独立的手语翻译器，提供更高质量的手语翻译服务，而移动端则是以应用进程的方式运行在手机上。产品提供手语手势识别、手语交流、手语打字等一系列手语翻译服务。目标用户群体包括言语障碍者群体，大型组织机构，例如，医院、车站、法院公安机关、公益组织等，教育市场，家庭市场，作为第三方方案提供商等。用户不同的需求根据选择不同的手语翻译服务。

（一）手语翻译器在言语障碍者群体中的应用

言语障碍者与正常人的实时交流，言语障碍者将手机或者手语翻译器挂置在胸前，在设备摄像头前打手语手势，设备即可将手语手势转成语音或者文字，正常人便可明白对方要表达的意思。然后正常人在回复言语障碍者时，设备将语音转成手语手势或者文字，言语障碍者在看过手语动画演示之后即可明白对方的意思。这样就实现了言语障碍者与正常人的实时交流。

（二）手语翻译器在大型组织机构中的应用

根据不同组织机构的不同需求，可以为其进行制作配套设备。针对这种大型组织机构，人流量较大的场合，可以配置固定的手语翻译设备，因对设备大小等要求较低，且由于工作量的问题需要提高手语翻译的速度和效率，因此，我们专注于为其提供更高质量的手语翻译服务。

（三）手语翻译器在教育市场的应用

手语翻译器在学校等教育领域的应用主要是与教室中的教学设备进行连接，甚至可以将该服务嵌入教学设备中（例如，教学计算机）。在整个教学过程中更加方便地使用该手语翻译服务。

（四）手语翻译器在家庭市场的应用

在未来产品研发的规划中，计划增加有关家居方面的功能，使得该产品不仅能够与人进行交流，还可以对物体进行操作。随着人工智能的不断发展，智能家居也在不断变革，为了使言语障碍者不至于脱离现代社会，家居功能应该跟上市场。

（五）作为第三方方案提供商

随着近年来更多商业化应用的出现，手势识别市场规模正在逐渐扩大。手势识别是交互技术的一种，可以应用在多个领域，除当下比较火的虚拟现实领域之外，在教育领域、医疗、传统工业等领域的应用场景也正在开发中或已有所应用。国内的手势识别行业还处于行业发展早期，并且深度信息将成为以后手势识别的主流。手语翻译器方案即可为有关手势识别研究方提供第三方 SDK 资源。

第四节　市场发展呈可观趋势

一、从内到外，逐步占领市场

手语翻译器定位于言语障碍者，可用于言语障碍者群体、大型组织机构、教育机构、家庭市场等。手语翻译器产品分为两种：移动端和嵌入式端。移动端手语翻译器的目标市场为言语障碍者群体与家庭市场；嵌入式手语翻译器的目标市场为大型组织机构、教育机构。

根据团队在准备阶段发放的抽样调查问卷的回收数据分析得出，言语障碍者及其身边的人十分愿意在家庭和工作中使用手语翻译器，从而提高工作效率，改善生活质量。

另外，根据调查问卷中对使用移动端手语翻译器、嵌入式手语翻译器的细分调查，发现愿意使用移动端手语翻译器的人数多于愿意使用嵌入式手语翻译器的人数。

因此，公司在未来推出新产品时，将对产品功能做出进一步改进，在保留原有功能的基础上，将新增更多实用的功能。

在市场区域选择上公司首先会专注于国内市场。由于中国的言语障碍者占全国人口总数的 1.67%，人数众多；并且中国的手语翻译职业起步晚，基础弱，手语翻译培训机构匮乏，且手语培训周期较长，远远满足不了中国庞大的语言残疾人口需求，所以拓展国内市场更为容易。随着国内市场的迅速发展及新产品的推出，在维持原有国内市场稳定增长的同时，公司开始大力发展国外市场，此时可以利用公司在国内的技术和经验，从重点区域、重点顾客出发，逐渐打开国外市场。

二、定位明确，客户群体广泛

（一）言语障碍者群体

言语障碍者群体的应用包括标准手语手势的学习、手语交流、手语打字等方面。移动端产品提供丰富多样的手语服务功能，可以满足不同需求的客户群体。嵌入式产品作为一个独立的手语翻译产品，更专注于手语翻译的高质量与高要求。两类产品为言语障碍者群体的生活和工作提供方便，是他们的助手。

（二）大型组织机构

大型组织机构主要包括医院、车站、法院公安机关、公益组织等。可以根据不同机构的不同需求对产品进行改造定制，最大程度满足客户需求，帮助客户减少人工成本，提高工作效率。在达到自身利益最大化的同时，实现目标客户群体利益和效率的最大化。

（三）教育市场

教育行业的应用主要是与教学配套设备的关联或者为教室配备专门的产品。手语翻译器走进高校为教学过程提供了极大便利。不管是老师还是学生均可在课堂上通过该产品进行交流表达，提高整个教学过程的效率，并且可以使不懂手语的老师也能够进行课堂授课。手语翻译器走进中小学可以在帮助学生提高学习效率的同时学到更加标准、规范的手语手势。

（四）家庭市场

在未来产品研发的规划中，计划增加有关家居方面的功能，使得该产品不仅能够与人进行交流，还可以对物体进行操作。随着人工智能的不断发展，智能家居也在不断进行变革。为了使言语障碍者群体不至于脱离时代节奏，家居功能可以使他们更加方便地对智能家居进行操作和使用。

（五）第三方方案供应

近年来随着更多商业化应用的出现，手势识别市场规模正在逐渐扩大。手势识别是交互技术的一种，可以应用在多个领域，除当下比较流行的虚拟现实领域之外，在教育领域、医疗、传统工业等领域的应用场景也正在开发中或已有所应用。国内的手势识别行业还处于行业发展早期，深度信息将成为以后手势识别的主流。而产品方案即可为有关手势识别研究方提供第三方 SDK 资源。

三、需求量大，前景广阔

（一）背景分析

据 2006 年第二次全国残疾人口抽样调查显示，中国有听力语言残疾者 2780 万人，听力语言残疾人数居视力残疾、肢体残疾、智力残疾、精神残疾五大残疾之首，庞大的听力语言残疾人口数量使得言语障碍者的交流问题变得尤为突出。由于生理因素的限制，使他们表达思想感情、获得外界信息、参与社会生活的渠道减少。

手语翻译师作为言语障碍者与健听人沟通的桥梁，其水平与数量直接影响着言语障碍者群体的生活质量。我国的手语翻译职业起步晚，基础较弱，手语翻译培训机构匮乏，且手语培训需要两到三年时间，周期较长，远远满足不了我国庞大的语言残疾人口需求。在文化、医疗、社会保障、体育、商业、社会服务等各个行业，手语翻译人员的缺乏，使得听障人士难以实现与外界的有效沟通。譬如，因为与医生沟通不畅，言语障碍者即使生病也不愿意去医院看病、机场、火车站、银行等服务型窗口站点沟通咨询困难。

（二）市场需求分析

团队针对市场痛点进行分析，以问卷调查和访谈的形式对山东省若干城市的言语障碍者群体及手语翻译从业人员进行了相应的调查研究，针对言语障碍者关于手语翻译需求方面的问题得出以下结论。

（1）手语推广力度不够，手语人才太少。社会中没有手语翻译服务机构，当言语障碍者群体需要翻译服务的时候不知道该到哪里去寻求服务。

（2）公共场所严重缺少手语翻译服务，如火车站、医院、银行等场所都亟须手语翻译服务，帮助言语障碍者解决购票难、看病难、办事难等问题。

（3）手语翻译标准无法满足言语障碍者群体需求。大多数手语翻译员采用手势汉语而非自然手语进行翻译。因为言语障碍者很难理解手语翻译员所表达的手势汉语。

（4）手语翻译质量无法满足言语障碍者群体需求。自然手语是言语障碍者的母语，而手语翻译员的手语表达则违背了自然手语的语法表达要求，导致言语障碍者对手语翻译员所表达的手语理解不到位。

由以上分析可知，手语翻译人员存在少而杂的现象，社会对高质量的手语翻译人才需求量与现有量的巨大差距导致市场缺口较大，而基于动态手势识别的手语翻译交流系统完全可以替代高质量手语翻译人才，出现在各个应用场所当中。这也说明智能化的手语翻译交流系统具有广阔的应用前景。

四、优势鲜明，机遇与挑战并存

（一）优势

1. 技术优势

利用 Leap Motion 进行双目手势数据的采集，可以提高数据获取的频率，降低数据误差；采用神经网络等机器学习算法对手势数据进行训练，能够自动地对输入的数据进行分类；建立了合理充分的手语手势数据库，对日常生活中用到的手语手势都进行了准确合理的翻译；借鉴由乔姆斯基（Chomsky）的一个自然语言合法且合理的句子生成系统（LRSGS）进行句子生成，翻译精度高，语句翻译更合理、更人性化；移动端手语翻译功能实现双向翻译，为普通人与听力障碍群体搭建沟通的桥梁。

2. 团队优势

该团队创业导师于 2014 年 1 月获中国科学院计算机应用技术博士学位，主持多项国家自然科学基金重点项目并参与国家科技支撑计划、国家自然科学重点基金等多个项目，拥有着丰富的经验。该团队由 10 名成员组成，成员主要专业是通信工程、物联网、计算机科学与技术、经济学专业。团队成员接受过专业培训和财务销售管理分析培训，具有较强的自学能力和丰富的实践经验。

3. 市场优势

市场上手语翻译产品很少，一些相关产品仍然处于实验室阶段，并且也存在着识别不连贯、精确度不高、携带不便等问题。智能手语翻译器具有技术先进、准确率高，体积小、携带方便，功耗低等优势。推广后能够有效地解决言语障碍者与正常人交流困难的问题，实现双向翻译，还可解决他们工作种类单一、工资普遍较低等问题。该产品不仅适应于个人交流，而且也可以应用于公共场所。

（二）劣势

（1）当前手势识别技术系统行业发展面临着机遇与威胁，此技术的发展需要一定的人力物力投入，且该技术的完善和发展需要的周期长。

（2）在国内，听力语言障碍者的辅助设备较少，人们对于手语翻译器也了解很少，对于产品的推广和宣传可能会达不到预期的效果，导致市场前期开发难度较大。

（3）技术开发过程成本昂贵，需要大量资金的投入，需要寻找合适的投资方。

（三）机遇

（1）中国听力言语障碍者众多，无论是个人交流还是公共场合都离不开手语翻译，但是中国手语翻译师较少，此情况下，便携惠民的手语翻译器为听力言语障碍者带来福祉。

（2）市场上手语翻译产品很少，一些相关产品仍然处于实验室阶段，并且也存在着识别不连贯、精确度不高、携带不便等问题，智能手语翻译器解决了以上难题，有良好的市场前景。

（3）中国残疾人联合会密切关注听力言语障碍的发展，并积极与各大高校科研团队接触。政府也密切关注听力语言障碍者，并且努力改变他们与人交流困难这一现状，这为该产品的发展带来了机会。

（4）各大企业开始关注特殊人士的特殊需要，会加大对手语翻译器的投资，如果宣传力度达到一定效果会有较多的投资企业。

（四）挑战

（1）以技术研发为主要出发点，在任何一个环节都不能出现错误，研发过程会面临技术难题，且会因某些过程的失误造成严重损失。

（2）市场变化剧烈，会因对市场的调研程度不够而失去部分市场，对公司的长期发展造成不良影响。

（3）机遇的产生引发众多高校的科研团队的关注度攀升，各高校团队的项目保密性，使团队对于其研究方向与进度无法掌控，无法提早应对竞争挑战。

（4）公司间的竞争激烈，新的手语翻译器层出不穷，要及时进行技术的更新和改进，才能更好地占有此产品的市场，并且能够不断扩大市场。

五、对大学生创新创业的启示

大学生创新创业要牢牢抓住创新这个关键，不仅是技术上的创新，也要在时刻关注社会需要的基础上提出一些独特的想法，综合考虑社会需要与产品开发之间的关系，开辟一条独创的、适合该产品的商业模式。

正如“智能手语翻译”这一产品的诞生，无非是抓住了社会中言语障碍者数量众多，而市面上手语翻译产品又有很大空缺的社会痛点，基于此创业团队产生了要开发“智能手语翻译”这一产品的想法。本科生创业本就面临着经验不足、经费不足的问题，能够做到的就是将项目做得足够出色、足够创新、足够吸引人。创新要基于现实的创新，不能天马行空，而要想其创新能够基于现实，大学生就不能脱离现实，要深入调研，时刻关注社会，善于在每一个社会问题中发现创新价值。只有结合了社会痛点与创新思维的产品才能在众多产品中脱颖而出。除产品外，商业模式同样需要创新，产品与商业模式并不是单独存在的两个个体，而是相辅相成的整体。有了产品才能让优秀的商业模式发挥价值，同时一个优秀的商业模式也可以帮助产品更好地实现其价值。商业模式并不是一成不变的，在其他产品中效益极好的商业模式也不一定适合自己的产品，而是在综合考虑社会需求、产品类型、发展方向等因素之后，经过不断优化而来的才是最适合自身产品的商业模式。

第九章　创新创业典型案例：基于历史学大数据

一、传统文化新形式——数字皮影交互平台

（一）项目简介

数字皮影交互平台侧重点在于用户体验和人机交互。该平台是人为的表演皮影，用户可以通过多点触摸设备、键盘等与皮影人物进行交互，选择自己喜好的角色来表演皮影。同时皮影交互平台还整合了网络通信、录制和回放功能，皮影爱好者能通过网络来表演皮影，同时可以用脚本来录制和回放皮影表演。在该平台中可以增加场景的特效和道具来丰富表演。该平台也真实模拟了传统皮影表演，并在一定程度上赶超传统皮影的表现能力。

（二）详细介绍

数字皮影交互平台主要由皮影建模、多点触摸、录制和回放、网络通信、皮影特效等功能模块组成。我们在该平台上开发了三款作品，分别是皮影武戏、皮影文戏、皮影现代舞。皮影武戏中，用户能够模拟传统皮影中的多种精彩打斗动作，可观赏性非常强。我们也可以根据实际需求加入多种武器等道具，以增加皮影表演的趣味性，增加数字皮影的表现力。

皮影文戏，是以梁山伯和祝英台的故事为主题，戏曲选自《十里相送》片段。在数字皮影交互平台上可以同时操纵里面的梁山伯和祝英台身体的多个部位来表演，主要演绎梁山伯和祝英台的爱情故事。

在皮影戏中也加入了现代的元素，让现代元素与传统元素结合，大大增加

了皮影戏的表现力。此台皮影戏用皮影来跳现代舞，配上动感的音乐和夸张的舞姿，非常吸引眼球。

二、同类课题：机器人皮影、遥控皮影

数字交互皮影的作品非常有限：机器人皮影，另外是遥控皮影。机器人作品是通过机器人来表演皮影，通过把程序嵌入机器人中，机器人执行程序进行表演。用机器人代替人来操纵皮影这种想法确实思路独特、设计新颖。但是它有一些不足之处：不能联网来表演，皮影特效比如火、雨、雷电等不好实现，用户体验感不强。当表演一出大的皮影戏时后台将会有很多皮影机器人，空间不够。遥控皮影作品通过识别技术识别物体，控制由 2D 引擎搭建的模拟皮影，表现出皮影在手势的控制下自由的活动。该项目创新之处用识别技术来模拟传统皮影表演。该项目的不足之处在于皮影人物控制困难，不能进行多点控制，在皮影人物的控制和表现能力上都非常有限，没有多点控制和网络功能使其缺乏多人一起表演的基础。数字皮影交互平台，重点在于交互，增强用户的体验感，克服了上述其他项目的缺点。

三、核心技术实现数据皮影交互

（一）目的与基本思路

用计算机技术解决中国传统皮影艺术问题，保护濒临失传的民间艺术，保护我国非物质文化遗产，让民间艺术皮影戏重新绽开美丽之花。

（二）作品创新点

（1）作品引入物理因素来真实模拟传统皮影人物各种受力，使得皮影人物表演更加逼真。

（2）采用 Flash 最新骨骼技术来制作皮影模型，骨骼模型使得皮影人物在

表演上非常容易控制。

（3）用流行技术——多点触摸技术来模拟传统皮影对人物的多点控制，多点触摸技术能同时控制多个人物。

（4）用网络技术实现联机，跨越传统皮影地域障碍，使不同地方的皮影爱好者能通过网络联机表演。

（三）关键技术

（1）物理引擎 Box2D 技术，通过物理引擎 Box2D 引入物理因素，如重力、弹力、摩擦力等，真实模拟传统皮影表演。

（2）Flash 骨骼技术，反向运动（IK）是一种用于创建逼真运动的重要方法。Flash 的骨骼技术非常适合处理 IK，用来开发皮影模型。

（3）多点触摸技术，传统皮影需要同时控制每个人物的多个点，一般有 3~5 个控制点，通过多点触摸技术可以很容易控制数字皮影人物的多个点，而且可以同时控制多个人物。

（4）FMS 服务器技术，该服务器是用于用户之间相互通信的平台，使用该平台，用户可以通过网络存储录制下来的音频、视频，也可以共享数据对象，并且可以将这些音频、视频和共享数据对象传递给多个客户端，实现实时同步共享。通过该服务器使得多个客户端之间实现数据实时共享，这使数字皮影能通过网络来表演，跨越了地域障碍。

（四）技术特点和推广前景

数字皮影交互平台采用 Box2D，Flash 骨骼技术，多点触摸技术等都是为了更好地交互，真实地模拟传统皮影表演，增加用户体验。数字皮影交互平台可以用于商业演出，团队跟中国最大的皮影剧团——龙在天皮影剧团合作共同开发，并且准备建立中国数字皮影博物馆。数字皮影交互平台经过进一步的开发完善后可以进行商业演出。此外，该平台在中小学的市场也将非常大。相关部门已经开始探索戏曲进入中小学，一些中小学已经开始增设了戏曲课程，某些高校也开设了皮影艺术课程。但是教学面临着很多问题，教学方式比较单一，学校开设戏曲课只是请些艺人来演唱表演一下。学生对这些戏曲的理解比较困难，这使中小学生对中国的传统文化并不是特别感兴趣。还有很多中小学没有条件开设戏曲这门课程。如果通过数字皮影交互平台来让老师教皮影、学生玩皮影，通过“教”与“玩”的结合来让中小学生了解中国的传统文化，弘扬传统文化。这种教学方式趣味性强，必将受中小学生的欢迎。

四、对大学生创新创业的启示

提及大学生创新创业，多数人首先想到的就是在高科技领域有一番作为，却往往忽略了传统文化这一大片待开发的领域，高科技产品完全可以成为有助于传统文化传播的工具。相较于在拥挤的高科技市场中寻找发展的空位，将高科技手段应用于传统文化这一片空地更为简单，也更容易站住脚。大学生的技术研发能力很有限，高技术含量的产品更容易受到投资商的青睐，但是绝大部分大学生并没有研发如此高技术水平产品的能力，而那些技术含量较低的产品也早已遍布了整个竞争市场，想要在如此多的产品中脱颖而出也实属不易。大学生应将眼界放宽，关注传统文化、旅游、服务等并不拥挤且更加实际的项目。这些并不需要很高的科技含量，大数据技术在这些项目中也仅仅起到了一些辅助作用，因此难度并不是很大，同时因为包含了大数据等元素，更容易在这些项目中获得更高的关注。

第十章　创新创业典型案例：基于理学大数据

一、跨越式发展——灵芯量子

高速光通信对促进国家经济高质量发展、保障国家安全具有重大科学意义和战略价值，通信光芯不仅可以加快速度，还拥有超高的稳定性，灵芯量子团队为全球供应自研的通信光芯，还为全球通信器件制造产业链的公司、科研院所提供加工和生产服务。通信光芯在高速通信中占有重要地位，在物联网、高清视频、云计算、大数据、5G 通信等领域均有应用，拥有大量政策支持。

二、高速光通信技术受到高度重视

与传统的通信技术相比，高速通信技术的特点及优势体现在具有较高时效性、较强的抗干扰性、较好的稳定性、所需信噪比低等。我国出台多项政策推动光通信发展，2021 年开始实施的《中华人民共和国国民经济和社会发展第十四个五年规划和 2035 年远景目标纲要》提出，要使全社会研发经费投入年均增长 7% 以上，并把光通信技术与人工智能和半导体一并列为重点研发对象。

近年来，欧洲、美国等都制定了国家层面的科技和产业战略发展规划，大力支持高速通信技术的发展。未来随着光通信的快速发展，以及物联网、高清视频、云计算、大数据、5G 通信等新技术、新应用和新模式快速融合发展，为信息传输带来了更大的挑战。

与经典信息传输相比较，光通信具有较强抗干扰能力、传输能力、高传输效率以及容量大、速度快等优点，理论上可以传输无限量信息。由于其多方面突出的优势，这种光通信技术得以被广泛应用于高速通信等领域，在5G通信、物联网、大数据等方面占据优势，性能和用途都领先于其他信息传输技术。

国家明确在“十四五”时期要加强关键数字技术创新应用，加快布局5G通信等前沿技术，并在物联网、大数据等前沿科技和产业变革领域，组织实施未来产业孵化与加速计划，谋划布局未来产业。我国将构建完整的天地一体广域光通信网络技术体系，率先推动光通信技术在金融、政务和能源等领域广泛应用。技术方面，中国光通信专利数超3000项，领先美国。国家将逐渐完善光通信科技领域的顶层设计。但是目前通信光芯仍无法做到百分之百国产化，通信光芯国产化率仅为3%。同时晶圆的制备与加工也存在困难，使加工出的产品出现精度低，材料出现无规则断裂等问题。同时目前国内的光模块产业发展迅速，年复合增长率突破13.3%。飞秒激光加工与控制工艺，物理布线布局与模拟仿真技术将会弥补我国在通信光芯产业的不足，为中国企业提供更优质的通信光芯，彻底解决“卡脖子”问题。

近年来，世界科技强国开始高度重视高速光通信研究，纷纷发布光通信信息科技战略，旨在抢占下一轮科技发展的制高点。虽然通信光芯离实用化仍存在很长距离，但对我国引领下一次科技革命，实现跨越式发展具有重要意义。对此，我国应借鉴英美等国经验，科学研判通信光芯技术的商用化时间，制定合理的通信光芯商用路线图，推动龙头企业和顶尖科研机构合作、产学研协同攻关，并在量子计算机架构的标准上早日获得话语权。

三、创新技术，提高质量

（一）离子注入制备晶圆

该项目利用离子注入方法制备晶圆，在材料表面层下方形成缺陷层、键合、退火、剥离。获得晶圆厚度可达500纳米，将晶圆厚度缩至1/20。

（二）物理布线设计与自主编程模拟仿真

通用仿真模拟软件单次仿真时间大于30小时，通常需进行20余次仿真才能得到符合标准结果，时间成本巨大。并且得到的铌酸锂加工理论值与实际值相差巨大，使加工过程中的误差大大增大，铌酸锂光芯专用仿真算法空白。灵芯量子团队核心成员掌握仿真核心原理并成功编写分析算法，在全国首次提出专门针对铌酸锂基通信光芯仿真模拟算法，将单次仿真时间由30小时大幅降至1小时内。

（三）自主搭建基激光机电控制系统

传统芯片加工精度仅为10微米，加工出的芯片体积大，难以满足工业需要。该项目将控制系统、传感检测系统、数字信号处理器高度集成，实现三轴稳定联动、快速动态配置、在线系统重构及硬件软化，组成了功耗低、通用性强的机电控制系统，将光轴运动误差控制在0.35%之内，从而使加工精度缩小至0.1微米，有效地解决了光轴抖动问题，加工精度提高整整100倍。另外，该项目在自动调谐系统数字化改造中，能自动检测激励器送出的高频信号与换频要求频率是否相等，用以判断更换的工作频率是否有效；可根据选择的工作频率自动实现频道设置和调谐元件位置自动跟踪的调谐方式；直接采集前级鉴相器、末级鉴相器及末级鉴阻器的数据自动实现高前级回路电容、高末级调谐电容、高末级调载电容的细调控制；具有计算机通信接口与远程监控系统连接，可实现远程自动控制。这有效地保证了机电高度一体化。最终项目实现机电一体化超精密加工。

（四）自主搭建双激光束指向稳定和光束整形控制系统

随着激光应用的越来越广泛，激光光学系统需要的精度越来越高，面临的挑战越来越大。例如，在激光通信等系统中，需要通信双方之间有比较精确的跟踪和瞄准。但是，光学系统比较容易受到来自自身或者外界的干扰，使光束偏离既定方向，导致偏离目标或者通信中断，带来巨大的损失。因此，解决抖动或者振动对光束指向系统的影响，使出射光束稳定，保持较高的控制精度，对光学系统的应用及光机电一体化进程的发展具有重要的意义。

灵芯量子所做的激光束指向稳定控制系统主要是解决振动对出射激光光束的影响问题，设计了以快速反射镜（FSM）、位置敏感探测器（PSD）、计算机等为基础的双激光束指向稳定和光束整形控制系统。

灵芯量子团队提出专业的核心模块结构设计快速反射镜和位置敏感探测器，组成指向稳定控制系统，成功解决光束难聚焦问题，实现铌酸锂超低损伤加工，良品率提高至80%。

（五）基单光源功率放大的低损耗激光分束量产技术

灵芯量子团队通过多级激光放大和超短脉冲放大，将单光源飞秒脉冲功率提高至8兆瓦，将单机单线加工升级至单机四线加工，实现单产线年产量突破1万块，生产效率提高4倍。

四、对大学生创新创业的启示

在了解完“灵芯量子”这一产品后，大学生创新创业有如下启示：大学生在创新创业时要紧跟时代发展的脚步，及时了解到国家各种优惠政策，关注国家乃至世界所关注的焦点。如今正是飞速发展的信息时代，信息交流更是飞速发展，追求的就是信息传输的速度与数量，而“灵芯量子”正是把握住了这一要点，在众多产品中脱颖而出。除了要顺应时代的潮流之外，国家实施的政策支持也是必不可少的，高技术含量产品的研发均需依靠大量实验，耗费的财力和物力绝非大学生所能负担得起，因此把握住政策扶持，合理利用国家政策的便利性，一定能为创新创业减轻不少压力。

在高科技产品面前，不能只是新奇，最重要的是技术上的创新，以及产品质量的保障。试想在每一个产品都是高技术含量的竞技舞台上，想要因为某个产品的技术含量高而被选中是不太可能的，这时大学生需要关注的就是“捷径”。要清楚自己所专注的方向最薄弱处是哪里，在所有同类产品中最容易被忽略的地方又在哪里，与其在技术含量上创新，不如将精力投入最需要补足的缺口处。

第十一章　创新创业典型案例：基于工学大数据

一、新型环保材料——超疏水材料

超疏水材料是一种具有不浸润、低黏滞表面性质的新型材料，具有防水、防雾、防雪、防污染、抗氧化、防腐蚀和自清洁及防止电流传导等重要特点。超疏水材料以“出淤泥而不染，濯清涟而不妖”为契机，以新型环保为消费理念，对近年来超疏水材料在汽车业、金属业、船舶业、管道业、建筑业、纺织业、电子业、医药卫生及日常生活等领域的市场应用现状和前景进行了系统总结，并且根据其自身的超疏水材料特殊性进行了市场现状前景分析。该项目凭超疏水材料的优越性全方面定位产品领域对象，逐渐打开市场，抢占先机。

项目团队已经通过在玻璃表面旋涂低表面能的 SiO_2，大体制作出具有实际应用价值的透明超疏水材料。后期将致力于通过刻蚀在疏水材料表面构造微纳米级的表面结构，在各类产品出厂之前做好疏水工作，避免因喷涂或二次贴膜造成疏水性维持时间短。

市场中绝大部分超疏水材料以丙酮等有毒化学物质为材料。该项目选用材料二氧化硅，取材容易，成本低，制备方法简单，更容易工业化生产，透光度和疏水性能良好，采用在各类产品表面刻蚀的方式，且不易磨损，维持效果时间久。

二、步步沉淀，厚积薄发

荷叶表面的疏水性在有关生物体表面的疏水性研究中，荷叶因其显著的超疏水性能和自清洁效应而最早引起人们的关注。荷叶表面“滴水不沾”，水滴在其表面极易滚落同时带走荷叶表面的灰尘，实现“自清洁”，水滴在荷叶表面的静态接触角高达（161.0 ± 2.7）度，而滚动角只有 2 度。

针对仿生超疏水材料的制备，科研工作者通过对昆虫翅、腿及荷叶表面超疏水效应的机制研究，逐渐认识到表面微纳米级的复合阶层结构对材料表面的超疏水性有极其重要的作用。受生物表面超疏水效应的启发，人们用各种方法仿生制备了超疏水表面。一种方法是在疏水表面构筑微纳米级粗糙结构；另一种方法是先构筑粗糙结构，再用低表面能材料表面修饰。科研工作者已成功制备出了对光、热、溶剂、电场和机械力有响应的智能超疏水材料和有高黏附力、高电导率、各向异性和耐酸碱性的超疏水材料及疏水、疏油的双疏材料。

三、多样化发展

（一）多学科交叉融合成为超疏水材料技术发展的主要动力

自然界中的动植物表皮具有特殊的微观结构和特殊的润湿性能，为构造超疏水材料提供了启示，如模拟荷叶结构可以获得超疏水性能、模仿鲨鱼皮结构可以获得水下减阻性能等。仿生材料的研究，为超疏水材料的持续进步提供了动力。此外，增材制造、材料计算与模拟仿真等技术的应用，大大简化了材料表面微结构的设计、构造与控制难度，使超疏水材料的制备快速精准，结构和性能可控，实现了材料制备工艺、结构、性能等参量或过程的定量描述，缩短了材料研制周期，降低了研发成本。

（二）耐久性突破推动超疏水材料迈向实用化

超疏水材料表面的微纳结构是决定其超疏水性的主要因素，而这种微观粗糙结构通常存在强度低、机械强度差、耐磨性差等问题，容易被外力破坏，导致超疏水性的丧失。另外，在一些场合或长期使用中，表面也可能被油性物质污染，导致疏水性变差。耐久性是长时间保持超疏水性的关键，也是制约超疏水材料实际应用的主要因素。提高超疏水材料耐久性的方法有增强材料表面的机械稳定性、提高材料表面的防油污性能、构造自修复超疏水材料等。

（三）超疏水材料将向着多响应、可调控的智能化方向发展

目前，超疏水材料的研发已不局限于获得超疏水的单一性能，而是向着多响应、可调控的智能化方向发展。将材料表面的特殊润湿性，如超疏水、超亲水、超亲油、超疏油等，进行多元组合，从而实现智能化协同、可调控和相分离材料的制备，将极大拓展超疏水材料的应用范围，如利用具有超疏水和超疏油特性的超双疏材料可实现水性和油性液体的防护，利用超亲水／超疏油或超疏水／超亲油材料对油和水截然相反的润湿性可实现油水的分离。

国外超疏水材料在国防领域应用于装备，提升装备的防腐蚀、防生物附着、防冰和自清洁能力。

在防腐蚀方面，超疏水材料可以阻断水分与金属材质的接触，从而缓解舰艇水线以上部分的氧化腐蚀。

在防生物附着方面，超疏水材料可以有效防止海洋生物在舰船表面的附着，可以作为舰船防污涂料。传统防污涂料依靠释放砷、铜、铅等金属离子杀死附着生物，超疏水材料则具有环保特性，可以减少有色金属的使用。

在防冰方面，超疏水涂层因具有能耗低、适用范围广、环境友好等优点而在航空、舰船、电力，通信、能源等领域的防结或覆冰雪方面显示出潜在的工程应用前景。

在自清洁方面，超疏水材料表面特殊微纳米结构使污染物在材料表面的附着力降低，同时，超疏水材料的防水特性可使表面的水滴滚落时带走污染物，保持材料表面的清洁。

（四）应用于服装加工，提升人员防护能力

超疏水（超疏油）布料可应用于各类防水透气型工作服和新型生化防护服。例如，在执行任务过程中，空军飞行员、海军士兵和特种兵等突然浸没在

冷水中会导致体温下降，是造成人员伤亡的主要因素之一。防水透气型服装已作为美军空军飞行员、船员和执行海陆空行动等特种兵的专用服装。该类服装在冷水中，能提供高达 24 小时的保护作用，并且穿着轻便、舒适。防水透气织物的应用，不仅解决了透气和防水的矛盾，而且可以减轻雨衣的重量，从而有效减轻士兵的负荷量。

美空军研究实验室与国防部威胁降低局联合开展了相关项目的研究，并于 2010 年开发出基于超双疏（超疏水和超疏油）布料的生化防护服。该服装具有自清洁性能，且可以避免危险化学品渗入，保护士兵不受生化武器威胁。

哈尔滨工业大学复合材料与结构研究所王荣国教授团队利用自组装技术和沸腾浸泡的方法研制出一种对水滴具有可控黏附性的聚丙烯 / 石墨烯超疏水材料。更为重要的是，该材料能够通过自身电阻的变化实现对下落水滴的感知。这种智能超疏水材料有望被应用于微液滴无损运输和感知外界雨滴。

此项研究结果表明，实验制得的所有聚丙烯 / 石墨烯材料均表现出超疏水性，但具有不同聚丙烯涂层量的材料对水滴的黏附力明显不同。因此，该种材料的黏附性可通过控制浸泡时间来调控。研究利用这些具有可控黏附性的超疏水材料完成了微量水滴的定向无损运输。

四、应用前景广阔

重点任务是：突破重点应用领域急需的新材料；布局一批前沿新材料；强化新材料产业协同创新体系建设；加快重点新材料初期市场培育；突破关键工艺与专用装备制约；完善新材料产业标准体系；实施“互联网 +”新材料行动；培育优质企业与人才团队；促进新材料产业特色集聚发展。

超疏水材料有很大的发展前景：首先，可以自行清洁需要干净的地方；其次，还可以放在金属表面防止水的腐蚀生锈；最后，基于对昆虫的研究还可以使水上飞行成为可能，在船的表面加上超疏水膜减小阻力节省能源。

目前，定义超疏水材料表面稳定接触角要大于 150℃，滚动接触角小于 10℃。

这种通过改变材料的表面自由能和表面粗糙度获得的新型技术，作为涉及生物、物理、化学及材料等多学科交叉的科技前沿，目前在科学研究、军事应用和民用生产等诸多领域都拥有极为广泛的发展前景。此外，超疏水材料特殊的粗糙结构和化学组成，使得其表面表现出良好的防覆冰和防黏附行为。且由于其兼具能耗低、适用范围广、环境友好等优点，该材料在航空、舰船、电力、通信、能源等领域的防结或覆冰雪方面同样显示出潜在的应用前景。

新型超疏水材料将十分广泛：室外天线上，可以防积雪；远洋轮船，可以达到防污、防腐的效果；石油管道的输送；用于微量注射器针尖，可以完全消除昂贵的药品在针尖上的黏附及由此带来的对针尖的污染；防水和防污处理；等等。

五、对大学生创新创业的启示

通过分析"雨荷"超疏导材料的研发与应用过程，可得到如下启示：在当今"大电商大数据、互联网 +"的电子商务产业发展势态下，电子商务专业创新创业人才培养要坚持以"综合素质为先、职业技能为本、创业就业为导向"的理念，结合电商产业人才需求的特性，充分利用互联网的空间优势，构建产教融合、工学结合、工学交替的人才培养模式，开拓模块式课程体系，实现多元整合和动态优化，建立创新创业实践教学平台，优化校内外实践教学体系，强化综合素质养成教育，构建人才培养质量综合评价体系，培养符合市场需求的高素质职业技能型电商人才，服务区域经济建设和社会发展。

要选择适合自己的市场，创业能否获得成功跟项目的选择有很大关系，符合市场需求会给创业者带来更多发展机会。创业选择的行业一定是自己所擅长的领域。很多大学生创业者只顾着挑选赚钱的行业，不考虑是否适合自己。创业是一件高风险的事情，有人能成功，也有人会失败，而创业者所具备的优势直接影响着创业的结果。对创业的行业或项目，创业者一定要做好前期的市场调研，不能想当然地认为市场前景好，就开始行动。

第十二章　创新创业典型案例：基于农学大数据

一、火眼金睛——智慧森林防护预警引领者

（一）依托“火眼金睛”，实现多目标森林防护服务

山东智图金睛数据科技有限公司以“基于深度学习下的 Sharp-sighted 算法和 Skip connection 算法”为公司核心产品，现阶段以森林烟雾、人员为监控识别目标的“火眼金睛”项目为载体，为政府及行业用户多目标森林防护识别系统的技术服务。

（二）规模庞大，市场广阔

长期以来，森林火灾频发，造成自然资源严重破坏流失。在现有的森林资源监控领域，大部分林区还处于人工巡防阶段，手段原始，人工工作量较大，存在大量监控漏洞。有些重点区域采用了不同监测设备，但由于技术落后，且林区复杂而设备识别单一，受环境影响大，林区预警时效性差。

市场上缺乏能够应用于林区火灾监控等高智能自动化监控，而“火眼金睛”就是针对这一市场痛点而研发的。通过独立研发基于深度学习下的 Sharp-sighted 算法和 Skip connection 算法，解决森林防火预警过程中准确率低、时效性差、目标识别单一等痛点问题，成为国内首家推出多目标森林防护识别系统的技术服务提供商。国家对于森林资源的监管保护高度重视，所处领域市场容量巨大，预估国内将达到百亿级规模，前景广阔。

（三）“火眼金睛”核心特征

“火眼金睛”项目利用人工智能的深度学习功能在图像识别行业处于领先地位，实现从火点出现到识别预警只需 1.5 秒。

（四）运营模式

借助硬件提供商和系统集成商的基础设施优势和集成优势，降低成本，进行市场推广。同时与林区或林业监管部门沟通，争取省市立项。

（五）三方面核心竞争优势

竞争优势如图 12–1 所示。

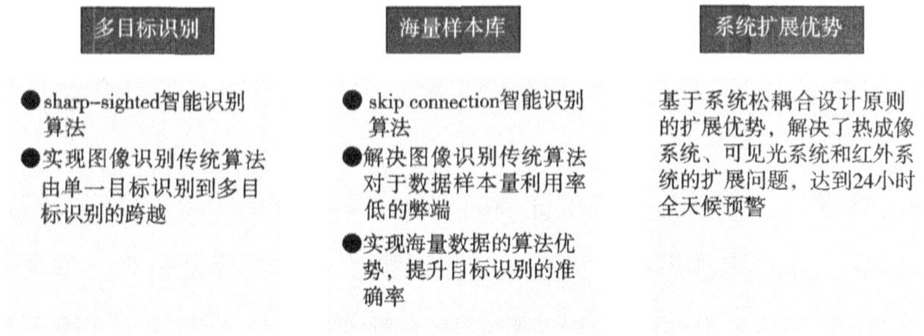

图 12–1　竞争优势

二、规模庞大，市场广阔

（一）定位明确

基于深度学习下的 Sharp-sighted 算法和 Skip connection 算法，重点解决森林防火预警过程中准确率低、时效性差、目标识别单一等痛点问题，建立完善的多目标森林防护识别系统。

（二）行业受到高度重视

目前，森林火灾仍在大量发生，自然资源遭到严重破坏，这不仅损害了国家的利益，更威胁了公民的人身安全。国家对森林防火高度重视，不仅制定法律法规来规范防火，更为森林防火投入了大量资金。

（三）痛点问题

在现有的森林资源监控领域，大部分林区还处于人工巡防阶段，手段原始，人工工作量较大，存在大量监控漏洞。有些重点区域采用了不同监测设备，但由于技术落后，且林区复杂而设备识别单一，受环境影响大，林区预警时效性差。

（四）依托三种核心技术

核心技术一：实现多目标识别的 Sharp-sighted 智能识别算法前期积累 3 万路视频资源，提升算法准确率，后期增加 20 余路视频资源和百万张具有显著差异化的样本量作为算法实现基础，基于目标函数中的 Sharp-sighted 优化项算法，实现了神经网络对于易混图像和多目标图像的 Feature map 差异显著化，实现了从传统的单一着火点识别到烟、雾、人员、动物等多目标的综合准确识别。

核心技术二：实现海量样本优势的 Skip connection 算法通过残差网路并结合 Skip connection 算法思想，处理由于大数据所引发的梯度消失、梯度爆炸等问题，解决图像识别传统算法对于数据样本量利用率低的弊端，实现了海量样本库的算法优势。森林防火预警系统准确率提升 30%。

核心技术三：系统扩展优势图像识别预警系统采用松耦合设计原则，无论是用户现有的视频监控系统还是拟新建系统，只要产品符合国家规范，图像识别系统均支持无缝对接，成功解决了热成像系统、可见光系统和红外系统的扩展兼容问题，从而实现 24 小时全天候、全面预警。

（五）政策背景

国家对于森林资源的保护极为重视，为严惩破坏行为，出台了《中华人民共和国环境保护法》和《森林防火条例》等法律法规来规范森林防火。2019 年，全国对于森林防火的投入达 32 亿元。2014—2019 年，全国累计投入 153 亿元用于森林防火。

三、“火眼金睛”如何实现

（一）工作流程

针对森林火灾，山东智图金睛数据科技有限公司以“基于深度学习下的Sharp-sighted 算法和 Skip connection 算法”为公司核心产品，为政府及相关行业用户提供智能识别烟雾、人员、动物及预警等服务，现阶段以“火眼金睛”项目为载体进行产品推广。

“火眼金睛”项目工作流程：在监控区域的高点（一般为户外铁塔顶端）架设视频监控，所采集的视频信号通过互联网传输至监控平台，服务器进行算法分析，识别出作业目标后预警信息通过客户端即时传达给政府相关管理部门。

（二）森林烟雾系统界面

1. 系统登录首页

系统提供完整的用户权限验证，可实现多角色、多部门的组合配置。

2. 图像识别

图像识别技术是系统的核心功能，前期通过大量的挖掘机图像进行模型训练，提取模型特征，直到准确率高达 95% 以上。

为了提高后续工作的效率，系统加入了人工审核环境，被标记为误报的图片，后期进入模型算法修正库，模型通过定期学习，不断优化指标值，从而提升识别准确性。

3. 预警处理

管理员将正确的报警信息，指派给相关处理人员，系统提供多种信息下发方式，软件 App 预警提醒，或通过手机短信通知。巡察人员在进行现场处理后，将处理的结果通过 App 进行反馈。调度中心确认无误后，将当前事件标记为已处理，事件自动进行归档。

4. 算法构成

图像识别算法研究，通常分为三个阶段：训练阶段、识别阶段、持续优化阶段。山东智图金睛数据科技有限公司检测算法也包含这三个阶段，其中每一阶段均有一些关键技术需要突破。

（1）样本均衡技术（训练阶段）

无论是经典图像识别方法，还是近年来迅猛崛起的深度学习识别方法，算法的好坏都离不开训练过程，而海量的训练数据是算法训练的基石。以秸秆焚烧的烟火识别算法训练为例，早期最大障碍就是样本数量不足及样本数据严重不均衡。算法训练初期，可访问摄像头数量极为有限，仅为 50 路左右。而有烟的场景比例（正样本）远远低于无烟的场景（负样本），例如 1 万张照片中可能只有 100 张左右的起烟照片。因此，在训练过程中，需要采用有效的正样本增广技术来尽量消除样本不均衡。

（2）增量自学习技术（持续优化）

在系统实际使用过程中，会积累更多的有效场景数据，这些数据对于算法的持续优化有着重要价值。然而，持续优化一般都需要重新训练算法，这需要耗费极多的计算时间和算法资源。如果能够实现增量式学习，也就是说，在现有算法模型基础上，只对新增的数据样本进行优化训练，而无须从头训练所有数据，这对算法持续优化帮助很大。本方案依托动态剪枝方法，结合迁移学习方法进行增量式学习已经成功验证。

5. 技术优势

（1）多目标识别：基于目标函数中的 Sharp-sighted 优化项算法，前期积累 3 万路视频资源，提升算法准确率，后期增加 20 余路视频资源和百万张具有显著差异化的样本量作为算法实现基础，实现了神经网络对于易混图像和多目标图像的 Feature map 差异显著化，实现了从传统的单一着火点识别到烟、雾、人员、动物等多目标的综合准确识别的跨越。

（2）海量样本库：基于 Skip connection 智能识别算法，完整地解决图像识别传统算法对于数据样本量利用率低的弊端，充分地实现了海量数据的算法优势，将森林防火预警系统准确率提升 30%，目标识别的准确率提升到了 99%。解决图像识别传统算法对于数据样本量利用率低的弊端。

（3）系统兼容优势：基于图像识别预警系统采用高内聚、低耦合原则，无论是用户现有的视频监控系统还是拟新建系统，只要产品符合国家规范，图像识别系统均支持无缝对接，解决了热成像系统、可见光系统和红外系统的兼容问题，从而达到 24 小时全天候预警。

四、经典商业模式，实现合作共赢

（一）商业模式

山东智图金睛数据科技有限公司以“基于深度学习下的 Sharp-sighted 算法和 Skip connection 算法”为公司核心产品，现阶段以“火眼金睛”项目为载体，作为技术供应商向硬件提供商及系统集成商提供智能预警识别服务，并收取服务费，同时与硬件提供商及系统集成商一起到林区或林业监管部门沟通、合作。

（二）实地调研，定点推广

在济南市各大林区完成了实地调研，并与济南园林和林业绿化局初步洽谈，试点推广了济南市莱芜区吉山林场、济南市长清区大峰山省级森林公园、济南市长清区卧龙峪省级森林公园、济南市长清区莲台山仙洞市级森林公园 、济南市长清区双泉庵市级森林公园五大林区，并与临沂市林业局、济宁市林业局达成合作意向。公司将积极对接国家部委及各省市相关部门需求，打磨产品及技术，建立建设图像识别品牌。

五、对大学生创新创业的启示

通过分析“火眼金睛”智慧森林防护预警系统的研发与应用过程，对于大学生创新创业可得到以下启示：很多大学生创新创业仅仅拘泥于自身专业，而没有结合当下的发展趋势去加入一些大数据等现代技术。在信息技术飞速发展的现代化阶段，在创业的道路上适当结合一些现代化技术是大势所趋，让自己的产品更符合社会的期待。例如，农学创业不能只走培育更优作物这一条路径，在结合一些现代化技术之后会发现创业的道路也不是想象中的那么狭窄。在干旱地区实行的滴灌技术，寒冷地区的温室大棚等都是农学与其他技术的结合。打破专业的局限性，打开思路，跟随科技发展潮流，是大学生创新创业的道路。

大学生创新创业不能只是嘴上说一说，手上动一动，实地的调研才是最重要的，尤其是需要大量真实数据反馈的项目，创业者更加不能懈怠。“纸上得来终觉浅，绝知此事要躬行”，在很多情况下，设想与现实往往是不一样的，可能在设计产品时每一个环节都可以做到环环相扣，但是在真正的实施中却是漏洞百出。

第十三章　创新创业典型案例：基于医学大数据

一、威胁人类健康及生命的重大疾病之一——恶性肿瘤

恶性肿瘤是威胁人类健康及生命的重大疾病之一，根据世界卫生组织（WHO）2020年统计，恶性肿瘤仍是全球各个国家人口死亡的主要原因。如图13–1所示，在我国，癌症发病数和死亡数逐渐增加，癌症是导致人口死亡的主要原因。

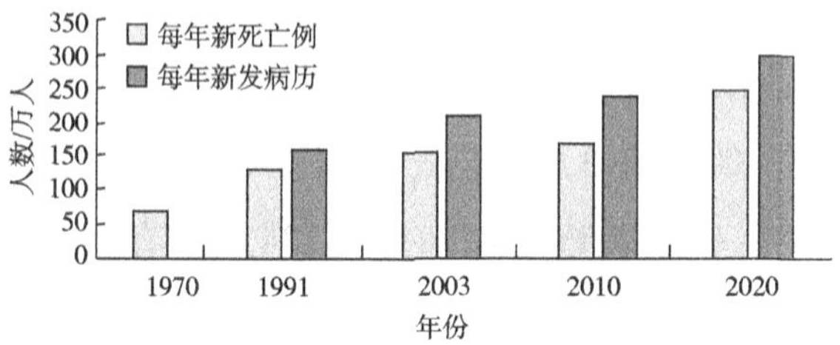

图13–1　中国癌症发病与死亡人数

目前，临床对肿瘤治疗的主要方式是放/化疗和靶向治疗。放/化疗治疗实际上是一个非选择性的治疗方法，它在杀伤肿瘤细胞的同时也会影响正常细胞，所以患者接受放/化疗后经常出现恶心呕吐、脱发、器官功能损害等不良反应。靶向治疗是在细胞分子水平上，经过基因检测确认靶点后，对患者使用相应的靶向药物，靶向药物进入人体后会识别相应靶点，使肿瘤细胞特异性死亡，而不会波及肿瘤细胞周围的正常细胞。相较于放/化疗，靶向治疗具有特异性高、不良反应小的优点。如图13–2所示，已有研究表明，对于靶点蛋白阳性的患者，使用对应靶向药治疗的患者生存期明显长于未使用靶向药治疗的患者。

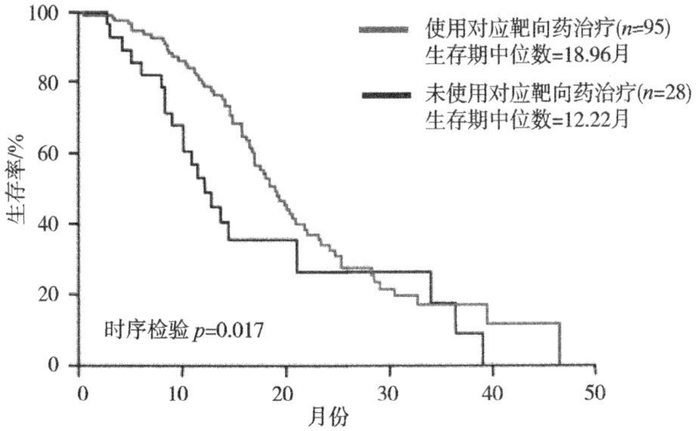

图 13–2　靶向药治疗组和未靶向药治疗组患者生存率

二、市场缺乏有效的新方法、新技术

目前靶向治疗具有以下痛点：

（1）组织病理学是对已经发生癌变的细胞进行诊断，是临床靶点蛋白检测的常用方法，但是该方法需要手术方式获取病理组织，具有创伤性、侵入性；

（2）研究表明，如图 13–3 所示，靶点蛋白在患者肿瘤进展及治疗过程中会发生动态变化，由于只有靶点蛋白阳性时服用靶向药才有治疗效果，因此，使用组织病理学方法难以多次获取组织样本，难以实时追踪患者靶点蛋白的表达情况。

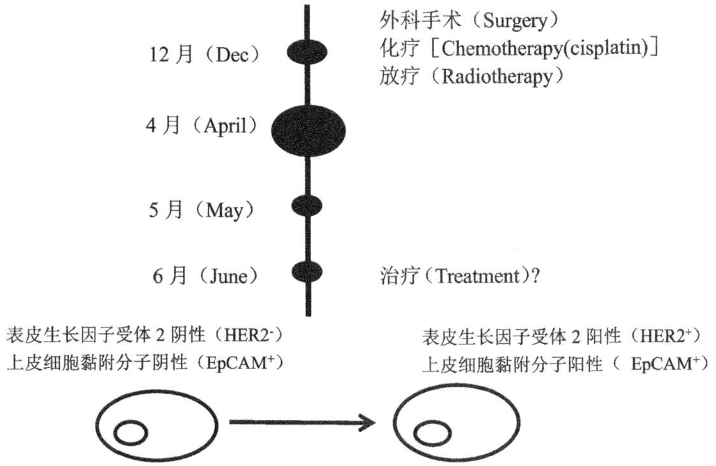

图 13–3　靶点蛋白动态变化

针对靶点蛋白的确认及动态追踪，亟须发展一种无创、实时、可反复多次取样的新方法。

三、集成性肿瘤液体活检“芯”平台

液体活检是近年临床研究和应用中所提出的一种通过非侵入性体液取样进行肿瘤信息分析，是当今“精准医疗”代表性的诊断技术之一。其中，循环肿瘤细胞（Circulating tumor cells，CTCs）是从恶性肿瘤原发灶或转移灶中脱落，通过血管或淋巴系统进入血液循环的肿瘤细胞，携带肿瘤部位的全部生物信息。

CTCs分析采用静脉抽血方式，其方式快捷方便，且可以多次持续取样，具有近似无创、便于实时检测等优势。因此，鉴于CTCs信息丰富、可反复取样等优势，CTCs可以满足临床肿瘤标志物及靶点蛋白分析的要求。但是，由于CTCs的稀有性和异质性的挑战，需要发展高回收率、高通量、高纯度的分选方法。目前唯一通过FDA认证Cell Search是利用抗EpCAM的磁珠富集肿瘤细胞，但因其会丢失EpCAM-/EpCAMlow的肿瘤细胞亚群，已被停用。另外，ClearCellCXSystem是依据肿瘤细胞和血细胞的尺寸差异，利用滤网过滤的方式拦截肿瘤细胞，但是细胞在流体压力下容易破裂，影响细胞活性及纯度，不利于后续分析，无法满足临床需求。

针对靶向治疗的临床需求和CTCs的研究价值，团队自主研发了操作简单、快捷高效的CTC分选及荧光分析仪。该产品完全可以满足临床医生快速、准确、无创、实时监测靶点蛋白，可以帮助临床医生监测靶点及时改变治疗方案，为患者提供个性化治疗方案，实现精准治疗。

四、计划：规避风险，顺利上市

为了保证本产品在具有稳定性、高效性、准确性的同时，满足市场需求，规避不必要的风险顺利上市。“芯生”——集成性肿瘤液体活检“芯”平台做了详细的产品研究计划，总体如图 13-4 所示。

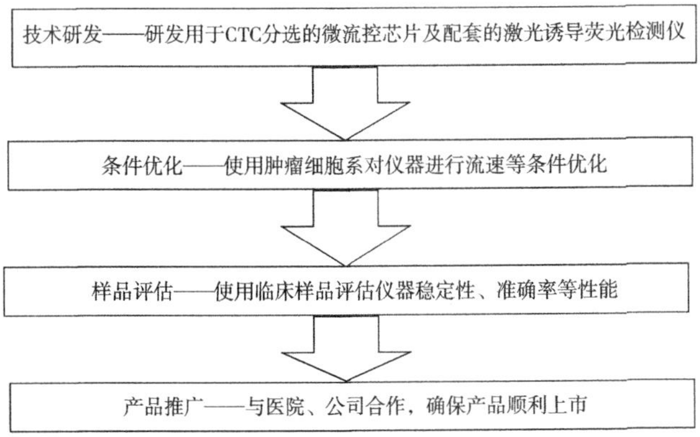

图 13-4　产品研究流程图

（一）技术研发

本公司研发了能够从全血中分选 CTCs 并进行靶点蛋白检测的集成性微流控芯片和激光诱导荧光检测仪。

1. CTC 分选

利用不同尺寸的细胞在螺旋芯片通道中受到的力不同，设计了螺旋芯片，可以在螺旋通道内无标记地分选 CTC。利用确定性侧向偏移原理，设计了微柱的特定排列，能够实现对细胞样品的进一步纯化和浓缩。

2. CTC 分析

“芯生”——集成性肿瘤液体活检“芯”平台设计开发了一个在线分析芯片，团队使用该芯片能够进行连续的荧光标记和未标记荧光探针去除。团队使用自行搭建的激光诱导荧光检测仪，可以检测并收集流经检测通道的 CTC 的多色荧光信号。利用此仪器，可以实现血液中 CTCs 的高通量、高纯度和高回收率分选及高效的多靶点蛋白同时荧光分析。

（二）性能优化

“芯生”——集成性肿瘤液体活检“芯”平台将一定个数的肿瘤细胞添加

到健康人血样中用于模拟临床样品，通过调节通入 CTC 分选芯片和分析芯片的样品流速、样品细胞密度使分选的回收率、纯度达到最佳。

（三）产品性能评估

“芯生”——集成性肿瘤液体活检“芯”平台通过与山东省肿瘤医院、千佛山医院和山东省立医院达成合作，对大量的临床癌症病人的血样进行分析研究，团队对 200 余名临床肿瘤患者的全血进行 CTC 分选和靶点蛋白检测。团队将检测结果与医院对病人做出的病理结果比较，评估仪器稳定性、准确率等性能。

（四）产品推广

团队使用临床样品确保仪器稳定、操作简便、检测结果准确后，与山东省肿瘤医院、千佛山医院、山东省立医院和山东博科生物产业有限公司进行深度合作，为医院和企业提供仪器讲解讲座、技术培训等，提高产品知名度，保证产品上市后具有较强市场竞争力。

五、对大学生创新创业的启示

大学生创业要学会组建团队，运用团队的智慧共同攻克难关。创业仅仅依靠自己的力量想要获得成功是很困难的，大学生的专业知识及工作经验都远远不够，一个人的创业更是难上加难，作为创业者大家应该重视团队的力量。

要会整合利用资源，人脉的整合，市场信息的积累和整合。大学生身处在校园，要学会利用学校提供的便利，专业知识上遇到问题可以及时请教任课老师。每所大学都会有大学生创业孵化基地，为大学生创业提供各种人脉及资源，例如，在产品试推广阶段需要寻找试用群体或合作单位，在自身无法解决的情况下要学会去寻求学校中提供的帮助，这样不仅可以大大节省时间，更节省了金钱和资源。

制定合理的产品研究流程同样是必不可少的，严密周全的产品研究流程是大学生创业中的一个很好的加分项。在制订产品研究流程时要保证产品的稳定性、高效性和准确性，同时还要满足市场的需求。在产品推广阶段要学会规避风险，通过与较高知名度、较好口碑的企业合作，建立稳定持续的合作关系，规避风险，使产品能够得到更大规模的推广。

第十四章　创新创业典型案例：基于管理学大数据

一、“科学救援”受到关注，发展前景良好

随着技术的不断进步，人们逐渐体会到科技带来的巨大变化，“科学救援”也成为业界重点研究的领域，国家也开始重视应急产业的发展，相关企业开始着手创新救援。当前是我国消防技术企业发展的大好契机，同时也面临巨大的挑战。

救援环境日益复杂，危险复杂环境通常伴随着电力供应中断、通信网络瘫痪，以及烟雾、灰尘和黑暗因素造成的低能见度甚至存在有毒气体和易燃易爆物品。这些危险复杂环境下对抢险救援人员的实时精确跟踪、对伤员和危险物品的精确定位，以及恢复和保持通信畅通便尤为重要。

近几年来研发的红外线、超声波等室内定位技术精度与其性能已经不能很好地满足紧急救援情况的需求。我国的应急产业包括消防厂家规模较小，还存在不少作坊式的生产，而这与市场的需求相比较，可以说是未发展起来的短板。对应急产业的创新智能的研究，任重道远，开发潜力极大。

二、实现“科学救援”——立体机动快速精准救援系统

该项目拟研发一套集超宽带（Ultra Wide Band，UWB）实时定位追踪、点对点网络（Ad Hoc）快速自组织动态网络和正交频分复用/码分多址（OFDM/CDMA）多入多出（MIMO）音频、视频和数据通信于一体的紧急救援系统，

包括便携、车载和小型无人机载单元，实现立体机动快速精准救援（如图 14–1 所示）。

总系统工作时 Ad Hoc 网络快速自主拓扑，将救援人员携带的便携式单元加入网络中，由 UWB 天线接收来自各载单元的信号，由收发模块进行信息处理，将定位数据和输入地图库建立同步从而建立起 3D 定位地图，由 OFDM/CDMA MIMO 系统进行良好通信。完成对救援人员的精准定位。

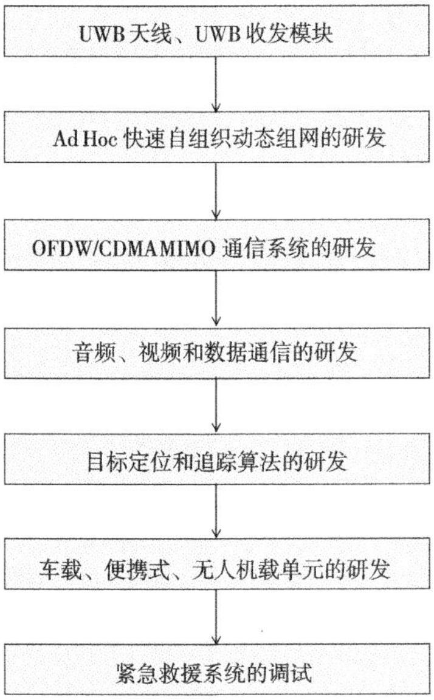

图 14–1　项目研发技术

三、集中三大核心技术优势

（1）UWB 信号的超宽带、窄脉冲、低功率谱密度的特性，安全可靠抗干扰，适用于城区、室内、地下等恶劣危险环境的抢险救灾。

（2）9 伏电池供电、低功耗、连续工作时间大于 72 小时，完全可以满足没有电力供应的紧急救援需要。

（3）Ad Hoc 快速自组织动态网络架构，无须预配置实现多个单元在复杂城区和地下环境自主组网，灵活性、移动性、可靠性好。

（4）使用 OFDM/CDMA 制式构成 MIMO 通信系统，实时解决危急情况下 Ad Hoc 自组织网络单元间的通信。

系统集中了三大技术的核心先进优势，互补进行系统的总体工作，很多技术研发都未考虑该技术结合，这也是该项目的最大亮点。突破传统的救援方式，将大大降低在复杂环境下的救援难度，降低人员伤亡率。

四、适当营销，合理投资

选定目标客户团体，进行产品宣传和试用。项目组研发成功后，经过一系列产品测试、质检环节，通过测试后产品可批量生产，检查无误的产品才可投放市场。与相关元器件厂家达成协议，为项目组后续产品的生产提供高质量元器件。产品投放市场后，委托相关流水线工厂生产，项目组提供系统组装方法和核心元件，向委托方提供代加工费。

具体营销策略还包括价格策略、人员策略、推广策略等，本着产品安全、市场互利、长远发展的原则，对该项目进行良好规划。

产品成本包括技术研发投入、生产成本（原材料与第三方工厂）、产品后期维护与技术升级等，根据市场对产品的需求量分析，由产品价值分析与预期销售情况，资金回报率非常高。

五、对大学生创新创业的启示

由于技术的不断进步，人们开始体会到了科技带来的重大改变，科技已经渗透到各领域，深入人们的衣食住行各个方面，因此国家尤为重视科技在生命救援中的应用。“科学救援”就是在如此背景下诞生了。由此可见，科技在如今的时代是一张很好的通行证，要重视科技带来的优势。

创业要有详细的创业规划，创业不是脑子一热的事情，有创业梦想是一件好事情，但是不能仅凭借着一腔热血，缺乏深思熟虑。创业一定要有详细的规划，产品的设计理念、服务的目标团体、商业发展的模式等关键步骤是必不可少的。创业者要清楚创业能否成功跟项目的选择有很大关系，只有适合市场的项目才会给创业者带来更多的发展机会。创业是需要寻找市场突破点的，在充分了解市场真正缺少的是什么之后，再去针对市场所需开发产品。

在创业期间时刻关注国家重点关注领域，重视国家所重视，抓住政策扶持的方向。大学生创业可以说是前路茫茫，但若是有了国家政策的指引，在创业道路上将会节省不少精力。

第十五章　创新创业典型案例：基于艺术学大数据

第一节　乐来悦往——音乐天使筑梦行动

一、音乐带动公益，颇有成效

“乐来悦往——音乐天使筑梦行动”是聚焦爱国主义主题，致力于红色歌曲伴奏、演唱、教学的红歌宣唱公益组织。4 年时间，1200 多名音乐公益天使持续接力。团队拥有 10136 首自录歌曲和百首学强金曲，举办主题品牌活动 10 万余场，为过亿群众献上专业的音乐志愿服务。

项目创始人夏侯琳娜带领和组织同学积极利用音乐特长，利用课余时间投身服务社会，为各大音乐会和文艺演出提供公益性演出和音乐伴奏的服务。

公益成效：音乐天使筑梦团队，立足公益，发挥专业，推出了精品公益系列服务。“助力全民合唱系列”“慈善专题系列（儿童 / 妇女 / 退休群众）”“艺拍即合线上平台系列”“音乐公益坊系列”“音乐会”。4 年时间，带动和培养公益音乐天使 1200 余人积极参与公益活动，参与活动演出过万场，为过亿人民群众奉献了精彩、丰富的音乐服务。

二、创新型公益项目

（一）线上线下相结合的公益模式

助力全民合唱音乐公益服务同行，采取线上线下相结合的公益模式。线下是“全民合唱”品牌文艺志愿服务活动，我们通过“四进”（进社区、进学校、进单位、进团体）及自有的7种套餐服务和音乐赋能公益包，为基层群众合唱团体提供识谱认谱、视唱练耳、和声训练、教唱歌曲、声部配合、舞台实践等音乐专业配套服务。线上是“艺拍即合”品牌，包括艺拍即合公众号、乐来悦往小程序、学习强国平台特辑、文旅厅平台、济南国际合唱节线上平台、爱城市网平台提供线上服务，从而为社区群众提供专业学习服务。

（二）完善的公益流程

以辅导过的山东省老年合唱团为例，首先团队要了解公益助力对象的原有水平，确定为助力对象后，安排专业人员负责活动的具体实施，从选择曲目入手，会对合唱团进行分声部，再根据作品对合唱团成员进行发声训练、分声部的音准训练、和声配合训练、情感代入训练，以及后续的作品细节处理和舞台实践训练等一系列综合服务项目，为他们提供专业化的艺术指导，使合唱团逐步具有接近专业化的水平，同时也使受益团员艺术审美及音乐素养得以较大幅度提升。助力公益活动完成后，利用大众传播媒介等多种方式广泛宣传报道，烘托气氛，强化效果，达到公益效果。

（三）个性化的群体解决方案

在经济日新月异的今天，人民对精神文化的需求越来越高。以济南地区为例，为“打造四个中心、创建全国文明城市”，以“打造泉城文化品牌，搭建国内外音乐交流平台”为目标，以“加强各地区的音乐往来，促进音乐交流”为目的，济南已成功举办四届国际合唱节，为泉城市民乃至来自五湖四海的音乐爱好者提供了一场精彩绝伦的音乐盛宴，将其打造成“合唱之都”的城市名片。针对全民合唱的用户群体进行分类，根据他们不同人群的特点提供各种解决方案。

三、多方面优势，突出重围

（一）专业化配套服务体系

团队拥有专业的音乐人来服务，线上口袋音频，自有录音棚、音乐厅等专业资源配置，万首曲库、百首金曲资源。

（二）1200+ 公益音乐天使，为持续人员供应提供保障

从公益的人员来说我们也有一套自己的反哺机制，创始人带领研究生、本科生师生共创，构筑了“内容创作—舞台排演—活动演出—系统宣发”为核心铁班底的运营班子。更是有许多乐童和退休老干部们主动要求加入团队，从而为项目提供人力资源上的公益力量，形成了团队一个人员上的机制。

（三）常态化运营管理

“乐来悦往”团队面向社会，招募公益音乐人，通过水平测试、定期专业汇报进行绩效考核，保证运营团队的专业质量，给予团队岗位提升，并定期安排组织策划演出。

（四）造血机制

现金流之于企业，犹如血液之于人体，如果过度失血，将可能危及生命。那对于我们公益团队来说资金流动也是必不可少的一个方面，而我们团队就有着我们团队自己的资金造血机制。

1. 音乐商演

商业演出作为大学生艺术实践的一种形式，在大学里非常盛行，不管是单人的还是团体的形式，对于音乐专业大学生而言，已成为一种施展自己所学技能的方式，同时还能获得丰富的社会经验和一定的收入，可谓一举三得，而团

队成员也会利用课余假期接一些企业型商演为团队提供后备资金。

2. 专创融合课题经费

专创融合课题经费来源于科研拨款，专门针对专业领域结合创新思维、创业实践等综合交叉融合体系所设立，项目组指导教师和运营团队已申请多项专创融合课题，课题经费均围绕公益活动一系列的收支而展开。

3. 音视频私人定制

2019 年公益的线上平台艺拍即合上线，线上数字音频免费开源，与此同时我们也开通了线上私人定制板块，由客户提供谱子、提出要求，团队为他们提供个性化的私人定制，此板块一经开拓也获得了不少用户的诸多好评，成为了项目资金的重要来源。

4. 艺术基金捐赠

为充分利用社会团体自身的优势，争取社会各界的理解和支持，采取多种渠道、多种形式募集资金的办法发展事业，广泛争取热爱和关心文化艺术的团体和个人的支持与赞助，来为我们的团队保驾护航。

四、展望未来，进一步扩大天使音乐公益力量

在未来的发展规划上，展望未来三年。2021 年，中国共产党建党 100 周年，音乐天使筑梦团将不忘初心，持续推出建党百年公益行系列活动，积极联系国内各城市琴行、青少年宫、山师子弟兵联手推出“钢琴百城流动乐行”活动；积极与小小琴童、离退休干部和群众联手线上推出“大手拉小手音乐工坊”系列活动。扩大天使音乐公益力量，团队人员扩大至 2000 余人，举办活动 150 余场。2022 年，计划筹划国际公益慈善线上义演，与十几年来一直支持和鼓励我们的后援机构联合筹建“乐来悦往艺术公益基金”，继续推进“百县千乡”文艺下乡系列活动，为喜欢音乐、志向音乐事业的爱好者、学习者、从业者提供资源。持续扩大天使音乐公益力量，团队人员扩大至 3000 多人，预计增长覆盖群众 2000 万多人，举办活动 300 余场。2023 年，计划举办艺术

公益盛会，以及跨领域交流与合作平台，联合公益企业、慈善家、公益明星、艺术界公益人物、资深媒体，共同探讨艺术公益行业的新机遇与新挑战，促进交流与合作，更好地为大众服务。

希望呼吁人们用音乐感知世界：也许音乐并不能拯救世界，但能够使全人类连接在一起，发出最震撼人心的力量。起源于师生共创、从活动到规范公益，以爱国主义贯穿始终，落地为服务社会思政育人系统工程，乐来悦往团队始终致力于让同学们利用自己所学知识实践的同时为国家培育更多的人才。

五、对大学生创新创业的启示

对于“乐来悦往”公益团队来说，拥有自己的资金造血机制是成功必不可少的保障。“乐来悦往”公益团队通过音乐商演、专创融合课题、音乐私人订制及艺术基金捐赠为项目提供持续造血能力。资金如同企业的粮食，要保证企业每天有饭吃，不能饿肚子，就要制订周密的资金运作计划。在企业刚启动时，一定要做好 3 个月以上或到预测盈利期之前的资金准备。开业后由于各种情况会发生变化，比如销售不畅、人员增加、费用增加等，因此要随时调整资金运作计划。而且，由于企业资金运作中有收入和支出，始终处于动态之中，创业者还要懂得一些必要财务知识。这启发大学生在创业时，一定要准备好充足的流动资金，拓宽收入渠道。

“乐来悦往”团队定期专业汇报进行绩效考核，保证运营团队的专业质量，给予团队岗位提升。这启示大学生创业者需要常态化运营管理，打造专业团队。

“乐来悦往”团队采用线上线下相结合的公益模式为基层群众提供音乐专业配套服务。在创业过程中，可以丰富创业形式，不只利用互联网，依靠传统的宣传方式也是切实可行的。当前人们的物质需求基本得到满足后，精神需求日益增长。“乐来悦往”团队正是利用这一时代特征，满足人们对于音乐的需求。因此，大学生在进行专业学习时，要有意识地将所学知识与市场需求相结合，积极拓宽视野、拓展思路，增强自身建功立业的勇气和不懈追求的意志。

第二节　米多多少儿美育——用美育呵护童心

一、少儿美术教育领跑者

山东米多多教育咨询有限公司成立于2016年3月，米多多坚持“用美育呵护童心”致力于为3～14岁的中国少年儿童提供最科学的美育体验，主营业务包括课程研发、师资培训、内容输出及艺术游学，是一家专注于“少儿美术教育”的研发型教育机构。山东米多多教育咨询有限公司（以下简称“米多多教育”）与山东师范大学美术教育研究中心进行合作共建，是全国中小学生艺术素质测评专家委员会成员单位，并作为课程供应商与山东电视台“启路未来”户外教育频道长期合作。同时米多多注重对接国际教育理念，已取得荷兰梵高博物馆“追逐梵高”国际美术大赛山东赛区组委会授权，致力于促进中西方艺术教育的共融与发展。

米多多美育的创始人米怀源和她研发团队的26位核心成员均为山东师范大学的优秀毕业生，此外团队还聘请来自中央美术学院等外部机构的专家、学者为米多多的企业发展提供全方位的顾问指导服务。

（一）回归自然、回归儿童发展本位

米多多教育的少儿美育以法国思想家卢梭的自然主义教育理念为主线，融合捷克教育家夸美纽斯“教育适应自然”的原则、瑞士教育家裴斯泰洛奇的“教育心理学化”主张及意大利教育家蒙台梭利“把握儿童敏感期，遵循其独特的内在发展规律”等思想，形成了专属于米多多的“回归自然、回归儿童发

展本位”的教学理念。

同时，我们根据美国哈佛大学著名教育学、心理学家霍华德·加德纳提出的多元智能理论，在教学中时刻关注孩子生理和心理的发展变化，在孩子发展的关键期进行有针对性的指导和培养，为孩子的多元和健康人格培养打下良好基础。米多多教育关注儿童天性的个体差异而因材施教，试图给孩子打造多元的艺术平台；米多多教育遵循儿童独特的内在发展规律，尝试唤醒孩子的内在潜能，促进儿童在语言、智力、艺术、情感、人格和社会性等方面的和谐发展，以及帮助孩子在生活中更好地寻求幸福。

（二）提供综合化、多样式服务内容

1. 米多多美育课件研发

米多多美育与中央美术学院和旧金山艺术学院共同进行课程的持续研发，将每学期课程内容进行系统更新，全面规范美术教学课程标准，并采用较先进的教学视频录制设备进行线上视频课程的同步录制，一站式解决教师的授课问题。

（1）米多多线上美育。米多多线上美育是山东米多多教育咨询有限公司的垂直类教育平台，为国内权威的专业美术教育工作者提供了学习交流的平台。平台从移动互联网的视角解读美术教育，通过全新的线上美术作品点评、视频示范教学理念，从最基础的理论学习到考前应试学习的指导，全面构建多层次的美术知识体系。

（2）米多多线上美育采用领先的视频流媒体技术和语音点评技术实现交流互动，通过整合作品点评、视频教学、作品解析等多个学习环节，实现教师的个性化高效指导，帮助美术爱好者实现艺术修养的跨越式进步。米多多美术在线教育是一款针对全国美术工作者提供学习交流与网上教学的平台。米多多教育汇集了专业美院师生，随时上传美术作品，分享绘画经验。在学习绘画的过程中遇到不会画和不懂的地方，只需要用手机拍照上传或者进行语音提问，在线美术教师将为你提供专业的解答指导。

2. 米多多美育师资培训

深入讲解儿童美术行业的发展方向及时代背景下的课程理念，三大理论、实操、点评、总结，层层深入提高教师综合能力。

在米多多可以与大咖随时进行线上沟通，学习先进的美育理念。每个季度，团队都会进行校长运营培训，帮助学员获取国内外最先进的美育信息资源。

米多多在全国二三线城市，每月开设一期线下的教师培训，每周开设一次线上的教学研讨及教学督导。培训期满合格的学员可申请由中国美术传播研究院颁发的中国美术教师资格证。

3. 米多多美育的产品 / 服务优势

（1）课程优势：专门针对各年龄段孩子心理和生理特点，多年线上独立研发的课程体系。

（2）教学优势：线下线上的双师课堂教学模式，完美规避传统教学模式的不足，全面提升教学质量。

（3）研发优势：MIDODO 强大的教研团队，不间断输送优质课程。

（4）成本优势：线上线下的美术教学模式，有利于把大城市优质的美术课程输送给全国各校区。

（5）评画优势：现互动式评画环节、独特的评画系统。

（6）交互式体验：倡亲子互动，在教学中增进亲子感情。

（7）成长记录优势：长记录优势 MIDODO 独立研发的成长记录系统，给孩子成长留下艺术的回忆。

（8）时间、空间优势：时间空间优势孩子随时学、随心学、随地学，实现了线下教学、线上交流的灵活教学模式。

（三）专业化团队引领，打造规范企业

1. 课程研发团队

米多多将中国传统艺术结合世界领先的创意美术，与中央美术学院、旧金山艺术学院共同进行课程的持续研发，团队师资力量是一批教学经验在 5 ~ 10

年以上对儿童美术教育行业有深刻理解和认识的优秀青年教师。他们大多是毕业于山东师范大学、中央美术学院的高材生，能够整合行业发展趋势和自身优势，确保教学内容的专业性和先进性，使每一位加入米多多的会员都能在较短的时间内掌握儿童美术教育运营的实战经验。

山师美院·米多多美育少儿美术教育研究中心。米多多公司的创始团队和核心企业成员都是山东师范大学美术学院的优秀毕业生。为了更好发挥产学研的协同作用，共享研发资源提升研发能力，促进优势互补，米多多美育与美术学院共建美术学院少儿美术教育研究中心，积极推动少儿美术教育市场的安全健康有序发展。

2. 科学家团队及专业顾问

A：课程顾问，中央美术学院，教育研究中心执行主任，山东省教育厅艺术教育委员会主任。

B：品牌顾问，和君上海副总经理，和君艾品董事长，和度咨询创始人，品牌定位与文化战略专家。

C：课程顾问，中国美术学院油画系教授，中国美院国际研究生专业主任，鲁迅美院特聘外籍研究生教授。

D：课程顾问，牛津大学拉斯金美术学院本科，旧金山美术学院，美国当代艺术家。

E：课程顾问，罗德岛美术设计学院绘画系主任，曾在美国本土及意大利、韩国、荷兰、中国等地举办展览。

F：课程顾问，在旧金山美术学院担任展览指导、学院主任和学术事务工作，在加利福尼亚州大学的伯克利分院加利福尼亚州州立大学圣何西分院担任客座教授。

G：课程顾问，山东师范大学美术学院院长、教授、硕士研究生导师，山东美术家协会理事，山东油画学会理事。

H：课程顾问，山东省美术家协会主席，山东省美术馆馆长。

I：科学家团队，山东医科大学生理学硕士学位，山东大学医学院免疫学博士学位，现担任米多多“高级感知”课题研发组负责人。

J：科学家团队，中国科学院寒区旱区环境与工程研究院博士，中国气象局研究员、中国气象委员会主席，现担任米多多“环游世界”课题研发组负责人。

米多多美育聘请擅长传统艺术教育行业的顶尖专家及高校优秀的科研教授作为新课程研发的顾问。将美育教育与通识教育相结合，用深入浅出的科学道理，丰富孩子的艺术想象。

3. 核心团队成员

K——创始人，山东师范大学美术学硕士，思维型美育创始人，“荷兰·追逐梵高”国际少儿绘画大赛大使，欧洲进修（儿童艺术教育体系及应用、世界艺术史）。

L——研发，中央美术学院学士，山东美术家协会会员，掌握中国儿童教育实操体系的完善性，专业学习儿童美术发展规律及美学。

M——教务，西安美术学院硕士，2015 年当代艺术院校大学生年度提名展，北京今日美术馆，2016 年 798 举办个人当代艺术作品展。

N——教学，美国旧金山艺术学院学士，2016 年赴香港举办个展，2017 年当代艺术院校大学生年度提名展，北京今日美术馆。

O——品牌，2016 年参展艺术无界·未来展，北京悦·美术馆。

三、把握发展机遇，迎接广阔市场

（一）美术教育将迎来巨大的市场

习近平总书记 2018 年 3 月 20 日在十三届全国人民代表大会第一次会议上的重要讲话中指出：“我们要以更大的力度、更实的措施加快建设社会主义文化强国，培育和践行社会主义核心价值观，推动中华优秀传统文化创造性转化、创新性发展，让中华文明的影响力、凝聚力、感召力更加充分地展示出来。”继承传统文化，发扬传统文化是米多多在当今时代背景下的义务和责任。

山东省已将初中毕业生艺术素质测评结果纳入高中阶段学校招生录取，高中学生艺术素质测评结果纳入综合素质评价，2017 年实现全省中小学和中职学校全覆盖。湖南省已有 10 个市州将艺术课程正式纳入中考范畴。云南省将音乐、美术两门学科纳入全省初中学业水平考试。各地认真落实中小学生艺术素质测评、中小学校艺术教育工作自评和学校艺术教育发展年度报告制度，积极探索学校美育评价路径，有效解决学校美育发展内生动力不足的问题。

截至 2016 年 9 月，我国艺术教育培训市场规模已经由 2008 年的 64 亿元发展至 2016 年的 562 亿元，年均复合增速 32.62%，其中 2016 年较 2015 年同比增长 23.08%。2018 年，整体艺术培训市场规模将超过 800 亿元。艺术教育培训市场有着极大的发展空间，培训需求巨大，商机无限，利润空间十分可观。

（二）市场定位具体明确

在教育部发布的《各地扎实推进学校美育改革发展》影响下，美术辅导机构会逐渐增多，美术教师也会加大培养力度，米多多会坚持做中国最专业的优质美育内容提供商。

一线城市的儿童美术教育行业起步早，已经有了很多规模大、名气大的老品牌，团队刚起步，不具备与其竞争的实力。二三线城市的艺术培训行业尚未充分发展，市场潜力还没有得到充分的发掘，留给团队的机会很多，适合团队目前的定位。

国务院办公厅 2015 年 9 月 28 日发布的第 71 号文件《国务院办公厅关于全面加强和改进学校美育工作的意见》中明确提出，“构建科学美育课程体系”，“统筹整合学校与社会美育资源”等措施，这足以说明美育受到了越来越多的重视。然而美术培训机构目前的现状是：数量多、质量差，且很多机构没有专业的课程，也缺乏高素质的教师团队。这一方面与市场上对高端美术培训机构的需求相矛盾，另一方面也说明了此行业还有很大的潜力等待着团队去挖掘，这对专业的美术培训机构来说，现在以及未来很长一段时间内都将面对难得的发展机遇。

（三）行业竞争加剧，力争提高核心竞争力

艺术培训行业市场利润丰厚，门槛低、规模小会不断吸引新的企业加入。现有培训企业为了获取更多的利润，会采取扩大企业规模、提高师资水平、研发特色课程、降低利润率等竞争办法提高竞争力。这些必将加剧整个行业的竞争水平，对行业内所有企业都将造成影响。

艺术培训行业的发展空间非常大，未来五至十年，艺术教育培训行业将迎来新一轮的洗牌阶段，中国教育培训行业的品牌化格局将会形成定局。中小培训机构由于人才缺乏、教学科研力量薄弱、抵御风险能力弱等原因，将面临着在行业“大洗牌”中步履维艰的危机。

2016 年 11 月 29 日，新东方并购艺术留学机构斯芬克国际艺术教育尘埃落定。成立于 2012 年 12 月的斯芬克，是一家提供国际艺术创新教育、作品集培训、艺术留学申请规划、签证等服务的教育机构。2017 年 8 月 2 日，画啦啦宣布获好未来和真格教育基金联合投资的千万级 A 轮融资。各大机构在面对资本的同时，机遇与挑战并存。米多多美育在这样的大环境下，也可以借助资本的力量，寻找机遇直面挑战，不断扩大企业经营规模，促进行业发展壮大。

同时，面对斯玛特、小央美等在线下已经占据一定市场份额的美术教育机构，以及画啦啦等线上取得一定成绩的美术教育机构。米多多美育坚持进行课程的持续研发与更新，保证课程的高质量与生命力。同时，米多多美育的各校区皆设有全体系的高级课程录播设备，在推动线上课程发展的同时，注重线上与线下的结合。在未来，米多多的线上课程体验将真正达到“身临其境”。

四、回顾过去，展望未来

（一）成果累累，经验丰富

1. 课程研发

在中央美术学院、旧金山艺术学院以及山东师范大学美术学院科研团队的

帮助下，米多多美育已经能够全面保证课程研发更新的速度。米多多美育同时对研发的课程配套以系统课件，辅助材料包，探索一站式解决教师授课问题的最优方案。

2. 师资培训

“米多多少儿美育师训”历来是米多多美育少儿的重要板块。米多多师训以研究和探索少儿美育为己任，致力于为全国校外美术教育的发展贡献力量。米多多针对少儿、青少年及成人群体进行定向研发并开设系统的美育课程体系及教育教学工作，同时面向全国的少儿美术机构开设师资培训，提供专业咨询服务。

2017 年 1 月，推出首套全 7 册实验教材并在济南 30 多家美术机构试用；2017 年 12 月，完成山东省美育内容输出近百家，对于采购米多多师资培训以及教材的采购方，米多多每年收取 4.5 万元的培训费。其中包括教材费、师资培训费以及画材损耗费；连续收费 2 年，后续免费提供内容输出，不包含品牌使用的授权。

3. 内容输出

米多多美育内容输出主要采取直营的方式进行布局，在济南市已经开设 7 家校区，单店年纯盈利在 30 万 ~ 50 万元，现阶段直营店仍然不是营收的主要部分，但是已经在 2018 年完善了米多多的选址模型、成本模型、营销模型、产品体系和加盟体系。

4. 艺术游学

米多多美育一直保持与国际美育理念的连接，同时获得了 2017 年和 2018 年荷兰梵高博物馆“追逐梵高”国际美术大赛山东赛区组委会授予的承办方证书，在此过程中，米多多致力于不断促进中西方艺术教育的共融与发展。米多多美育经常带领孩子们走进世界著名艺术博物馆零距离接触艺术大师，聆听美术教育专家的现场解读和赏析，培养孩子们的审美情趣。

5. 米多多公益万里行

在公司发展和运营过程中，团队用公益的心态、商业的手法，不断发扬我们的美育情怀。米多多美育从创办之初就对接了一些公益课程，例如济南安安特殊儿童康复中心、济南阳光助学教学点、山东师范大学附属小学家长进课堂等免费教学点。米多多美育于2017年年初实施了米多多公益万里行计划，每年走访100公里，为各省市贫困县的希望小学提供公益课程的授课计划。

（二）整体最优化改革

公司组织结构以授权型、扁平化、动态性为主要特征，淡化部门界限，改变传统组织结构的刚性，增强快速反应能力，以实现企业整体最优而不是单个部门或环节最优。

五、对大学生创新创业的启示

米多多教育形成了专属于米多多的独特教学理念。回归到艺术教育本质，不以授课为教学方式，不以培养某种特定技能为目的，而是通过关注儿童天性的个体差异从而因材施教，遵循儿童独特的发展规律，唤醒孩子的内在潜能，促进孩子多方面的和谐发展。米多多教育对于艺术及教育专业的大学生创新创业提供了一个很好的范例。在漫天飞舞的各种兴趣班中，绝大部分是只教授其中的某一种，目的仅仅在于教孩子学会这一技能，而不是艺术。但在这个家长越来越重视孩子成长的时代，很多家长早已不满足于让孩子只是学习技能，而是更加注重培养孩子的“艺术细胞”。因此，大学生在艺术和教育方面创业时，不妨在如何开发孩子的内在潜能，如何找到适合孩子发展规律的教育方式两方面投入一些精力。

主要参考文献

常玮，2014. 大数据时代互联网广告变革研究（硕士学位论文，黑龙江大学）.https：//kns.cnki.net/KCMS/detail/detail.aspx?dbname=CMFD201501&filename=1014313074.nh

陈博雷，2013. 香飘全国的“臭里香”——法学硕士卖臭豆腐创业致富［J］. 农产品加工，（8）：51.

陈超美. 2010. 如何选取 Citespacce 中的各项参数［EB/OL］.（10–30）［2021–11–20］.http：//blog.sciencenet.cn/home.phpmod=space&uid=496649&do=blog&id=378974.

陈国权，陈子栋，2017. 个体主动性人格对学习能力影响的实证研究［J］. 技术经济，36（4）：38–44.

陈国权，赵晨，2010. 领导影响团队成员学习能力二维多层次模型的实证研究［J］. 管理工程学报，24（4）：1–13.

陈宏敬，2001.《吕氏春秋》研究综述［J］. 中华文化论坛，（2）：64–72.

陈卿，2019. 大学生创业态度对创业意向的影响：主动性人格的调节作用［J］. 山西青年，（3）：35–37.

陈庆惠，任翠池，2019. 面向 Web 服务的云计算平台设计［J］. 通讯世界，26（2）：45–46.

陈晓东，2012. 基于情感词典的中文微博情感倾向分析研究［D］. 武汉：华中科技大学.

戴海琦，罗照盛，2013. 项目反应理论原理与当前应用热点概览［J］. 心理学探新，33（5）：392–395.

邓昳，2019. 教育云平台空间应用的创新与实践研究［J］. 速读（上旬），（3）：28–29.

丁晟春，王颖，李霄，2016. 基于svm的中文微博情绪分析研究［J］. 情报资料工作，（3）：22–23.

丁树良，罗芬，涂冬波，2012. 项目反应理论新进展专题研究［M］. 北京：北京师范大学出版社：121–122.

丁雪，王鹏，高峰强，2020. 一代大儒熊十力“狂”者人格的心理传记学研究［J］. 心理科学，43（5）：1274–1279.

董晓宏，郭爱英，2014. 大数据技术在网络招聘中的应用研究——以K企业为例［J］. 中国人力资源开发，（18）：5.

段立伟，张晟，林兆奋，2017. 以logistic回归模型构建联合预测因子对脓毒症诊断及预后判断的临床运用［J］. 中华危重病急救医学，29（2）：139–144.

范恒，张怡凡，2017. 主动的员工更具创造力吗？知识探索的中介作用与信任领导的调节作用［J］. 中国人力资源开发，（10）：64–75.

方玉峰，2017. 基于线性链表的关联规则数据挖掘技术在数字图书馆中的应用［J］. 中国新通信，16：15–20.

费讲驰，2014. 高效产电菌的筛选及其在微生物燃料电池中的应用研究［D］. 湘西：吉首大学：32–33.

冯肖华，2014. 真灵性与逝水情的诗化律动——徐志摩爱情诗的情感脉络［J］. 河北师范大学学报（哲学社会科学版），37（1）：84–89.

逄键涛，温珂，2017. 主动性人格对员工创新行为的影响与机制［J］. 科研管理，38（1）：12–20.

宫晓君，徐敏霞，张利会，张淑洁，王鹏，高峰强等，2017. 近二十年来生涯决策领域可视化研究——基于citespace的分析［J］. 人类工效学，23（6）：10.

龚耀先，1997. 修订艾森克个性问卷手册［M］. 长沙：湖南地图出版社：49–50.

官琴，邓三鸿，王昊，2017. 中文文本聚类常用停用词表对比研究［J］. 数据分析与知识发现，3：76–84.

郭少阳，2018. 潜混合模型视野下的 M3PLM 参数估计［D］. 南昌：江西师范大学：101–102.

郭文锋，樊超，郭新东，2017. 基于二元逻辑回归模型的 mooc 退课预测［J］. 计算机时代，12：50–53.

韩家新，何华灿，2004.Svmdt 分类器及其在文本分类中的应用研究［J］. 计算机应用研究，21（1）：23–24.

何慧，2013. 产电微生物的筛选、诱变育种及应用研究［D］. 合肥：中国科学技术大学：205–206.

和云，安星，薛竞，2014. 大数据时代企业人力资源管理变革的思考［J］. 经济研究参考，（63）：7.

贺金波，郭永玉，2005. 人格的生理基础研究综述［J］. 心理学探新，3：59–63，77.

洪家义，1995. 吕不韦评传［M］. 南京：南京大学出版社 .

胡瑾，张昕，2019. 基于“大数据”的网络招聘有效性研究［J］. 中国管理信息化，（8）：2.

胡雯，2019. 基于大数据和云计算平台应用［J］. 中国新通信，21（2）：96.

黄国勤，2019. 论生态农场建设与发展［J］. 农学学报，9（4）：95–100.

黄慧子，2014. 大学生创新创业激励机制研究［D］. 合肥：安徽大学 .

黄健源，2020. 传统媒体人转型与全媒体运营师新职业［J］. 传媒研究，8：105–106.

黄燕新，李萍，颜幼平，2010. 微生物燃料电池阳极产电菌的选育［J］. 广东化工，37（3）：137–138.

黄玉，2023.“互联网 +”背景下大学生创新创业现状及路径优化［J］. 四川劳动保障，（2）：39.

纪博心，2021. 大数据对人力资源招聘的影响［J］. 商业文化，（25）：67–68.

金科，2008. 大学生生涯规划现状研究［D］. 上海：华东师范大学：108–109.
金树人，2007. 生涯咨询与辅导［M］. 北京：高等教育出版社 .
孔雪娜，孙红，2017. 中文微博文本采集与预处理综述［J］. 软件导刊，（2）：77.
黎青，2009. 主动性人格及其对职业倦怠和工作绩效的影响［D］. 西安：陕西师范大学：22.
李宝深，2018. 大数据时代的人力资源管理：挑战与创新［D］. 武汉：华中科技大学：15.
李宝研，2020. 大数据时代大学生网络思想政治教育创新研究［D］. 哈尔滨师范大学 .
李斌，2015.IRT 框架下的不可忽略缺失过程建模及 Bayes 估计研究［D］. 沈阳：沈阳师范大学：11.
李峰，朱彬钰，辛涛，2012. 十五年来心理测量学研究领域可视化研究——基于 CITESPACE 的分析［J］. 心理科学进展，20（7）：1128–1138.
李锦锐，章家宝，彭梅，2019. 基于大数据技术的求职用户画像系统研究与设计［J］. 产业与科技论坛，18（4）：2.
李尚昊，朝乐门，2016. 文本挖掘在中文信息分析中的应用研究述评［J］. 情报科学（8）：153–159.
李雪，王琳，王丽，2018. 微生物燃料电池——人工湿地耦合系统处理污水及产电性能研究［J］. 水处理技术，44（2）：109–114.
李一苇，2021. 大数据时代的人力资源管理：挑战与创新［J］. 湖北工程学院学报，41（1）：5.
梁康，王启烁，王飞华，2104. 人工湿地处理生活污水的研究进展［J］. 农业环境科学学报，33（3）：422–428.
廖金秀，黄金绿，谭贤杰，2018. 家庭农场的优势 · 存在问题与发展对策［J］. 安徽农业科学，46（34）：205–211.
林幸台，王木荣，1999. 威廉斯创造力测验［M］. 台北：心理出版社：48.
刘彬彬，2010. 几种基于 irt（项目反应理论）模型的参数估计方法研究［J］.

硅谷，(22)：80–80.

刘辰，2014. 创业榜样对大学生创业意向影响研究［D］. 济南：山东财经大学 :96.

刘红亮，2021. 后疫情时代大学生就业现状及策略应对研究［J］. 老字号品牌营销，(9)：32–33.

刘思嘉，2020. 大数据背景下档案职业的突围与转型研究［J］. 兰台世界，(6)：39–42.

刘咏宝，2007. 大学生职业生涯规划存在的问题及对策研究［D］. 武汉：华中师范大学：14.

龙欣宇，李新宇，2021. 大数据时代高校就业工作“精准化”路径探究［J］. 现代职业教育，(40)：15–17.

龙燕梅，2003. 大学生择业效能感的研究［D］. 上海：上海师范大学：13–15.

吕不韦，陈奇猷，1984. 吕氏春秋校释［M］. 上海：学林出版社：73.

吕晓君，吴晓怡，陈云，卞百年，2017. 基于多层面 rasch 模型的护理操作考核评分质量监控［J］. 中西医结合护理（中英文），3（11）：182–183.

罗照盛，2012. 项目反应理论基础：Item response theory［M］. 北京：北京师范大学出版社：82.

洛斯奈，1987. 精神分析入门［M］. 郑泰安，译 . 天津：百花文艺出版社：92.

马皑，宋业臻，2019. 心理传记学的研究方法思考［J］. 心理科学，42（2）：506–511.

孟琪，2015. 基于多维项目反应理论在考试中的分析和应用［D］. 南京：东南大学：9.

孟宪实，2017. 政治商人吕不韦的成与败［J］. 文史天地，(8)：7–11.

潘光哲，2019. “五四”与中国社会变迁：从知识人的婚姻人生说起［J］. 近代史学刊，(2)：41–56，285–286.

漆书青，戴海崎，丁树良，2002. 现代教育与心理测量学原理［M］. 北京：高等教育出版社：35.

秦璇，2014. 新媒体环境下我国记者角色的转型［D］. 锦州：渤海大学：18.
任孝鹏，马欣然，周阳，朱廷劭，2017. 微博的互粉数 / 关注数的南北方差异［C］. 重庆：第二十届全国心理学学术会议——心理学与国民心理健康.
商佳音，甘怡群，2009. 主动性人格对大学毕业生职业决策自我效能的影响［J］. 北京大学学报（自然科学版），45（3）：548–554.
邵峰晶，于忠清，2003. 数据挖掘原理与算法［M］. 北京：中国水利水电出版社：69.
施观宇，2019. 水资源保护和可持续发展战略［J］. 四川建材，45（9）：43–44.
舒尔茨，2011. 心理传记学手册［M］. 郑剑虹，等，译. 广州：暨南大学出版社：77–78.
舒跃育，2012. 心理动力系统与心理学的目的论原则［D］. 长春：吉林大学：22.
舒跃育，2018a. 心理传记学的历史与展望［J］. 西北师大学报（社会科学版），55（5）：104–111.
舒跃育，2018b. 天命可违：诸葛亮行为决策的心理传记学分析［M］. 北京：清华大学出版社：22–25.
孙晓敏，丹丹，2009. 经典测量理论与项目反应理论的比较研究［J］. 中国考试（研究版），（9）：12–19.
晚综，2019. 她们都是第一人［J］. 晚晴，（3）：28–30.
王健峰，张磊，陈国兴，何学文，2012. 基于改进的网格搜索法的 svm 参数优化［J］. 应用科技，（3）：32–35.
王明春，王正欧，张楷，郝玺龙，2005. 一种基于 chi 值特征选取的粗糙集文本分类规则抽取方法［J］. 计算机应用，25（5）：1026–1028.
王鹏，孟维璇，朱干成，张登浩，张利会，董一萱，2019. 多维项目反应理论补偿性模型参数估计：基于广义回归神经网络集合［J］. 心理学探新，39（3）：33–35.
王权，2006. “马尔可夫链蒙特卡洛”（mcmc）方法在估计 irt 模型参数中的应用［J］. 考试研究，（4）：47–65.

王群 朱小英，2015. 大数据时代企业人力资源管理创新思考［J］. 沈阳工业大学学报，社会科学版，8（3）：5.

王晓庆，罗芬，丁树良，熊建华，2016. 多级评分计算机化自适应测验动态调和平均选题策略［J］. 心理学探新，36（3）：270–275.

王晓悦，马晓玢，2019. "互联网 +"大数据时代下大学生就业创业状况分析［J］. 黑河学院学报（08）：121–122.

王洋，孙爱峰，2011. 测验效标关联效度大小的统计学估计［J］. 中国医药指南，（31）：240–241.

魏鑫，李美珊，李璐，2017. 大数据时代的大学生就业工作研究［J］. 中国市场，（17）：2.

文芳，2011. 中学生主动性人格特点及其与学习适应性的相关研究［D］. 长沙：湖南师范大学：19.

吴彩云，兰光华，徐英，陈文，吴爱勤，沈慧廉，等，1987. 行为遗传的双生子研究［C］. 全国第六届心理学学术会议文摘选集：22.

吴洁清，董勇燕，熊俊梅，曹钰，2016. 大学生主动性人格与主动性人格的关系：成就动机的中介作用及其性别差异［J］. 心理发展与教育，（5）：547–556.

吴琼，2021. 大数据背景下企业招聘管理的优化［J］. 人才资源开发，（17）：22–24.

吴雪，2023. 大数据背景下大学生创新创业能力培养路径探析［J］. 吉林农业科技学院学报，（1）：37–40，49.

吴雁洁，2018. 大数据在人力资源管理中的作用分析［J］. 决策咨询，（4）：5.

仵林军，2005. 大学生职业生涯规划研究［D］. 南京：南京理工大学：11–12.

武宝贵，2021. 基于大数据的企业绩效管理优化［J］. 现代企业，（11）：45.

谢俊，严鸣，2016. 积极应对还是逃避？主动性人格对职场排斥与组织公民行为的影响机制［J］. 心理学报，48（10）：1314–1325.

邢靖，周喜华，2018. 大学生就业应对方式与创业动机、主动性人格的关系

[J]. 中国健康心理学杂志，(12)：15.
熊建华，丁树良，漆书青，戴海崎，2002. 用测验信息量分析试卷质量[J]. 江西师范大学学报（自然版），26（3）：225–228.
许德涛，2013. 大学生创新创业教育研究[D]. 济南：山东大学.
鄢雪芳，2019. 大数据在企业人力资源管理中的应用——以腾讯为例[J]. 企业改革与管理，(17)：2.
严明瑗，2013. 出版业数字化转型与编辑出版人员的职业适应[M]. 南京：江苏教育出版社：18–20.
阳厚才，代江成，王武勇，2011. 东川区家庭生态农业浅探[J]. 吉林农业 C 版，(6)：24–25.
杨玲，孙继民，贾璐霞，2014. 现代文化对政治人物心理分析的影响和意义[J]. 商业文化，(29)：217–217.
杨胜宽，2013. 关于郭沫若对吕不韦的评价问题[J]. 郭沫若学刊，7（1）：33–40.
杨晓超，2017. 大学生主动性人格与学习责任心[J]. 山西青年，(17)：18–22.
杨晓彤，徐景涛，2021. 人工湿地污水处理技术研究进展[J]. 科技风，(3)：5–6.
姚凯，桂弘诣，2018. 大数据人力资源管理：变革与挑战[J]. 复旦学报（社会科学版），60（3）：10.
袁存凤，2009. 青少年学生创造性的跨文化比较[D]. 山西：山西师范大学：33.
曾海龙，2017. 唯识与体用——熊十力哲学研究[M]. 上海：上海人民出版社：16.
张海梅，2001. 论五四运动前后的女子教育[J]. 历史档案，(1)：101–106.
张剑，蒋飞，2016. “互联网 +”时代下大学生就业创业初探[J]. 新西部（理论版），(13)：122.
张剑峰，夏云庆，姚建民，2012. 微博文本处理研究综述[J]. 中文信息学报，26（4）：59.
张明，2018. 稳步发展家庭农场推进农业经营组织化建设[J]. 农村科学实验，

（12）：90，92.

张树敏，2013. 近代女商人张幼仪的传奇人生［J］. 兰台世界，（31）：70–71.

张晓彤，张立新，2021. 中国城镇化进程概述和未来城镇化水平预测［J］. 云南农业大学学报（社会科学），15（1）：20–25.

张鑫，2009. 法学博士后讲述艰难创业故事［N］. 法制日报，04–30（006）.

张鑫，2009. 法学博士后讲述艰难创业故事［N］. 法制日报，04–30（006）.

张杨，高颖，马斌，等，2016. 基于项目反应理论的中风病证候要素评价量表的条目筛选［J］. 中医杂志，57（8）：649–652.

张一名，2021. 大数据赋能精准就业服务 . 中国人力资源社会保障，（4）：2.

张振刚，余传鹏，李云健，2016. 主动性人格、知识分享与员工创新行为关系研究［J］. 管理评论，28（4）：124–134.

张自仕，2017. 生物质能源的利用现状与发展［R］. 中国土木工程学会燃气分会 .2017 中国燃气运营与安全研讨会论文集 . 煤气与热力杂志社有限公司：391–396.

赵粉，2013. 大学生主动性人格特点与学业自我效能感、学业成绩的关系研究［D］. 南京：南京师范大学：26.

赵小云，等，2015. 大学生生涯适应力问卷的编制［J］. 中国心理卫生，29（6）:7.

赵小云，谭顶良，2012. 大学生生涯阻碍知觉问卷的编制［J］. 中国临床心理学杂志，20（5）：4.

郑剑虹，2014. 生命叙事与心理传记学［M］. 北京：中央编译出版社：89.

郑剑虹，2014. 心理传记学的概念、研究内容与学科体系［J］. 心理科学，37（4）：776.

郑雪，2017. 人格心理学［M］. 广州：暨南大学出版社：49.

仲雯雯，2008. 大学生职业生涯教育探究［D］. 青岛：青岛大学：26.

周眙，2016. 服务文化与主动性人格对服务绩效的影响：基于高校行政人员的跨层研究［J］. 中国人力资源开发，（10）：49–56.

朱廷绍，2016. 大数据时代的心理学研究及应用［M］. 北京：科学出版社：109.

ALEXANDER，I E，1990. Personology：method and content in personality assessment and psychobiography［M］. Durham and London ：Duke University Press：48.

AASE，K G，2011. Text mining of news articles for stock price predictions. Applications［M］. Boston：Kluwer，Nijhof Publishing：75.

AMUNDSON N E，BORGEN W A，IAQUINTA M，et al，2010. Career Decisions from the Decider's Perspective［J］. The Career Development Quarterly，58（4）：336–351.

ARDICHVILI A，CARDOZO R，RAY S，2003. A theory of entrepreneurial opportunity identification and development［J］. Journal of Business Venturing，18（1）：105–23.

MURRAY A L，BOOTH T，MCKENZIE K，KUENSSBERG R，2015. What range of trait levels can the autism-spectrum quotient（aq）measure reliably an item response theory analysis［J］. Psychological Assessment，28（6）：673.

BANDURA A，1977. Self-efficacy：Toward A Unifying Theory of Behavioral Change［J］. Psychological Review，84（2）：191–215.

BATEMAN T S，CRANT J M，1993. The proactive component of organizational behavior［J］. Journal of Organizational Behavior，14：103–118.

BROWN C，DARDEN E E，SHELTON M L，et al，1997. Career Exploration and Self-efficacy of High School Students：Are there Urban/Suburban Differences?［J］. Journal of Career Assessment，7（3）：227–237.

BAKER F B，KIM S H，2004. Item response theory：Parameter Estimation Techniques［J］. Language Testing，2（2）：117–140.

BECHERER R C，MAURER J G，1999. The proactive personality disposition and Entrepreneurial Behavior Among Small Company Presidents［J］. Journal of Small Business Management，38（1）：28–36.

BELL D F，MATTHEWS J，1998. Quality and standards for accreditation of continuing nursing education.

BIND U K，PARKER S K，2011. ProactiveworkBehavior：Forward-thinkingand Change-orient Education Inorganizations［R］. APA handbook of industrial and organizational psychology. Washington，D C：American Psychology Association：567–598.

CRANT J M，1995. The Proactive Personality Scale and Objective Job Performance Among Real Estate Agents［J］. The Journal of Applied Psychology，(80)：532–537.

CRANT J M，1996. The Proactive Personality Scale as a Predictor of Entrepreneurial intentions［J］. Journal of Small Business Management，34(3)：42–49.

CRANT J M，2000. Proactive Behavior in Organizations［J］. Journal of Management，26：435–462.

CANDY J V，2016. Bayesian Estimation. Bayesian Signal Processing：Classical，Modern，and Particle Filtering Methods：98.

CAI L，2008. A Metropolis-Hastings Robbins-Monro algorithm for maximum［M］. North Carolina：North Carolina：122.

CAI M，2010. On the Formulation of Linear Instability and Forced Problems for a Zonally Varying Basic State in［J］. Journal of the Atmospheric Sciences，53(15)：2283–2288.

CURTIS M K，2010. Bugs code for item response theory［J］. Journal of Statistical Software，36(c01)：12.

COHEN T，BLATTER B，PATEL V，2008. Simulating Expert Clinical Comprehension：Adapting Latent Semantic Analysis to Accurately Extract Clinical Concepts From Psychiatric Narrative［J］. Journal of Biomedical Informatics，41(6)：1070–1087.

CHANG W H，CHEN K C，YANG Y K，et al.，2014. Association Between

Auditory p300，Psychopathology，and Memory Function in Darunavir Schizophrenia［J］. The Kaohsiung Journal of Medical Sciences，30（3）：133–138.

ELLEN G，SONJA R，UFKES E G，2016. The critical roles of task conflict and job autonomy in the relationship between proactive personalities and innovative employee behavior，52（3）：320–341.

MATTEUCCI F，2012. Chemical Evolution of Irregular Galaxies［J］. Springer Berlin Heidelberg：66.

FELSMAN D E，BLUSTEIN D L，1999. The Role of Peer Relatedness in Late Adolescent Career Development［J］. Journal of Vocational Behavior，54（2）：279–295.

FRESE M，FAY D，HILBURGER T，LENG K，TAG A，1997. The Concept of Personal Initiative：Operationalization，Reliability and Validity in Two German Samples［J］. Journal of Occupational and Organizational Psychology，70：139–161.

FOX J P，GLAS C A W，2001. Bayesian Estimation of a Multilevel Irt Model Using Gibbs Sampling［J］. Psychometrika，66（2）：271–288.

FERRARI L，NOTA L，SORESI S，2010. Time Perspective and Indecision in Young and Older Adolescents［J］. British Journal of Guidance & Counselling，38（1）：61–82.

GATI I，GADASSI R，SAKA N，et al，2011. Emotional and Personality—Related Aspects of Career Decision—Making Difficulties：Facets of Career Indecisiveness［J］. Journal of Career Assessment，19（1）：3–20.

GLORIA A M，HIRD J S，1999. Influences of Ethnic and Nonethnic Variables on the Career Decision——Making Self efficacy of College Students［J］. The Career Development Quarterly，48（2）：157–174.

GAGLIO C M，1997. "Opportunity Identification：Review，Critique and Suggested Research Directions"，Advances in Entrepreneurship［J］. Firm Emergence and Growth，3：139–202.

GARFIELD D A，RAPP C，EVENS M，1992. Natural Language Processing in Psychiatry [J] . Artifificial intelligence technology and psychopathology. Journal of Nervous and Mental Disease，180（4）：227–237.

GREGURAS G J，DIEFENDORFF J M，2010. Why Does Proactive Personality Predict Employee Life Satisfaction and Work Behaviors? a Field Investigation of the Mediating Role of the Self-concordance Model [J] . Personnel Psychology，63（3）：539–560.

GRIFFIN M A，NEAL A，PARKER S K，2007. A New Model of Work Role Performance：Positive Behavior in Uncertain and Interdependent Contexts [J] . Academy of Management Journal，(50)：327–347.

MAXIM G，MARIA G，ALEXANDER B，et al，2009. Sifting Micro-blogging Stream for Events of User Interest [J] . Proceedings - 32nd Annual International ACM SIGIR Conference on Research and Development in Information Retrieval：838.

HELIN T，BURGER M，2014. Maximum a Posteriori Probability Estimates in Infinite-dimensional Bayesian Inverse Problems [J] . Statistics，31（8）：78–90.

HUANG C H，YIN J，HOU F，2011. A Text Similarity Measurement Combining Word Semantic Information with tf-idf Method [J] . Chinese Journal of Computers，34（5）：856–864.

BERNARD J，ZHANG M，KATE J，et al，2009. Micro-blogging as Online Word of Mouth Branding [J] . Proceedings of the 27th International Conference Extended Abstracts on Human Factors in Computing Systems：3859–3864.

NING J F，YANG J M，JIANG S J，et al，2016. Object Tracking via Dual Linear Structured SVM and Explicit Feature Map [R] . 2016 IEEE Conference on Computer Vision and Pattern Recognition (CVPR) . IEEE.

JUDGE T A，BRETZ R D，1994. Political Influence Behavior and Career Success

[J] . Journal of Management, 20 (1): 43-65.

SILGE J, ROBINSON D, 2016. Tidy Text: Text Mining and Analysis Using Tidy Data Principles in [J] . Journal of Open Source Software, 1 (3): 38.

KIDUFF M, 2003. What's in a name? [Z] .Sporting News.

KIRKMAN B L, ROSEN B, 1999. Beyond Self-management: Antecedents and Consequences of Team Empowerment [J] . the Academy of Management Journal, 42 (1): 58-74.

LENT R W, BROWN S D, HACKETT G, 1994. Toward A Unifying Social Cognitive Theory of Career and Academic Interest, Choice, and Performance [J] . Journal of Vocational Behavior, 45 (1): 79-122.

LI F, 2010. Naive Bayesian Classifier Model Based on Improved Weighted Attributes [J] . Computer Engineering & Applications, 12 (4): 34-40.

LIAO S H, CHU P H, HSIAO P Y, 2012. Data Mining Techniques and Applications—a Decade Review from 2000 to 2011 [J] . Expert Systems with Applications, 39 (12): 11303-11311.

ZHANG L H, ZHU G Z, ZHANG S J, et al, 2019. Assessment of Career Adaptability: Combining Text Mining and IRT Method [J] . IEEE Access, (7): 125893-125908.

DEMIDOVA L, NIKULCHEV E, SOKOLOVA Y, 2016. The Classifier Based on the Modified Particle Swarm Optimization [J] . International Journal of Advanced Computer Science & Applications, 7 (2): 16-24.

LIU Z, YU W, CHEN W, WANG S, et al, 2011. Short Text Feature Selection for Micro-Blog Mining [R] . Computational Intelligence and Software Engineering (CiSE), 2010 International Conference on. IEEE.

LUZZO D A, WILLIAM E, HITCHINGS, 1999. Evaluating Differences in College Students'Career Decision Making on the Basis of Disability Status [J] . the Career Development Quarterly, 48 (2): 142-156.

MOTULSKY S L，2010. Relational Processes in Career Transition：Extending Theory，Reesearch，and Practice [J] . The Counseling Psychologist，38 (8)：1078–1114.

MASLOW A H，1970. Motivation and personality [J] . Quarterly Review of Biology，(1)：187–202.

MCADAMS D P，2001. The Person：an Introduction to Personality Psychology [J] . The Science News-Letter，6 (3)：206.

MAJOR D A，TURNER J E，FLETCHER T D，2006. Linking Proactive Personality and the Big Fifive to Motivation to Learn and Development Activity [J] . The Journal of Applied Psychology，(91)：927–935.

MAREE J G，2015. Research on Life Design in (South) Africa：a Qualitative Analysis. [J] South African journal of psychology Suid-Afrikaanse tydskrif vir sielkunde，45 (3) .

MEYSTRE S M，SAVOVA G K，KIPPER-SCHULER K C，HURDLE J F，2008. Extracting Informationfrom Textual Documents in the Electronic Health Record：a Review of Recent Research [J] . Yearbook of Medical Informatics，47 (Suppl 1)：128–144.

MINER G，ELDER J，FAST A，et al，2012. Practical Text Mining and Statistical Analysis for Non-structured Text Data Applications [M] .London：Academic Press.

MINER M，SEFTEL A D，NEHRA A，et al，2012. Prognostic Utility of Erectile Dysfunction for Cardiovascular Disease in Younger Men and Those With Diabetes [J] . American Heart Journal，164 (1)：21–28.

DAVID M，DAVID S，HE J R，et al，2016. Comparing Random Forest with Logistic Regression for Predicting Class-imbalanced Civil War Onset Data [J]. Political Analysis，(24)：66.

NOSIPOW S H，1999. Assessing Career Indecision [J] . Journal of Vocational

Behavior，55（1）：147–154.

PLESSIS C D，2017. The Method of Psychobiography：Presenting a Step-wise Approach［J］. Qualitative Research in Psychology，14（2）：72.

PONTEROTTO J G，2007. A Counselor's Guide to Conducting Psychobiography Research［J］. International Journal for the Advancement of Counselling，39（9）：1–5.

PANIGRAHI S，MARKOVIC J，TAYLOR J，2017. An Mcmc Free Approach to Post-selective Inference［Z］.

PARKER S K，1998. Enhancing Role Breadth Self-effificacy：The Roles of Job Enrichment and Other Organizational Interventions［J］. The Journal of Applied Psychology，（83）：835–852.

PERRY J C，LIU X，PABIAN Y，2010. School Engagement as A Mediator of Academic Performance among Urban Youth：The Role of Career Preparation，Parental Career Support，and Teacher Support［J］. The Counseling Psychologist，38（2）：269–295.

HE Q W，CEES A W，KOSINSKI M，et al，2014. Predicting Self-monitoring Skills Using Textual Posts on Facebook［J］. Computers in Human Behavior，（33）：69–78.

RABAEY K，BOON N，HOFTE M，et al，2004. Microbial Phenazine Production Enhances Electron Transfer in Biofuel Cells［J］. Environmental Science & Technology，39（9）：3401–3408.

CLAES R，DE W H，2002. Determinants of Graduates' Preparatory Job Search Behaviour：a Competitive Test of Proactive Personality and Expectancy-value Theory［J］. Psychologica Belgica，42（4）：251–266.

RZHETSKY A，SERINGHAUS M，GERSTEIN MB，2009. Getting Started in Text Mining：Part Two［J］. PLoS Computational Biology，5（7）：77.

RUNYAN W M，1990. Individual Lives and the Structure of Personality Psychology. In A. I. Rabin，R. A. Zucker，R. A. Emmons & S. Frank（Eds.）[M] . Studying Persons and Lives. New York：Springer：102.

SCHULTZ W T，2005. Handbook of Psychobiography [M] . New York，NY：Oxford University Press：92.

SCULTZ W T，2002. The Prototypical Scene：a Method for Generating Psychobiographical Hypotheses. In McAdams，D. P.，Josselson，R. & Lieblich，A.（Eds.），Up close and personal：teaching and learning narrative research [M] . Washington，DC：American Psychological Association Press：95.

SUPER D E，1976. Career Education and Meaning of Vocational Psychology：A Personal Perspective [J] . Handbook of vocational psychology，18（1）：136–140.

SUPER D E，1980. A Life-span，Life-space Approach to Career Development [J]. Journal of Vocational Behavior，16（3）：282–298.

SAGER N，FRIEDMAN C，LYMAN M S，1987a. Computer Processing of Narrative Information [M] .Boston，MA：Addison-Wesley：75–76.

SAGER N，FRIEDMAN C，LYMAN M S，1987b. Information Formatting of Medical Literature [M] . Boston，MA：Addison-Wesley：48–49.

SAMANTHA R，JANICE L，STELLEFSON M，et al，2017. Ehealth Literacy in Chronic Disease Patients：an Item Response Theory Analysis of the Ehealth Literacy Scale（Eheals）[J] . Patient Education & Counseling，100（2）：56–58.

SEBASTIANI F，2002. Machine Learning in Automated Text Categorization [J] . ACM Computing Surveys，34（1）：1–47.

SEIBERT，S E，CRANT J M，KRAIMER M L，1999. Proactive Personality and Career Success [J] . The Journal of Applied Psychology，（84）：217–416.

SEIBERT S E，KRAIMER M L，CRANT J M，2001. What do Proactive People Do? A Longitudinal Model Linking Proactive Personality and Career Success [J]. Personnel Psychology，（54）：845–874.

SHEN Y，TIAN C G，LI S C，et al，2009. The Grand Information Flows in Micro-blog［J］. Journal of Information and Computational Science，6（2）：683-690.

SHEREEN ALBITAR，SÉBASTIEN FOURNIER，BERNARD ESPINASSE，2014. An Effective TF/IDF-based Text-to-Text Semantic Similarity Measure for Text Classification. International Conference on Web Information Systems Engineering. Springer，Cham.

SPITZMULLER M，PARK G，WAGNER D T，et al，2013. Communal and Cranial Influences Determine Helping's Salutary Benefits［R］. Paper presented at the Society for Industrial and Organizational Psychology 28th Annual Conference，Houston，TX.

SPITZMULLER M，SIN H P，HOWE M，et al，2015. Investigating the Uniqueness and Usefulness of Proactivepersonality in Organizational Research：Ameta—analyticreview［J］. Human Performance，（28）：351- 379.

STRAUSS K，GRIFIN M A，PARKER S K，2015. Building and Sustaining Proactive Behaviors：The Role of Adaptivity and Job Satisfaction［J］. Journal of Business and Psychology：1-10.

STRAUSS K，PARKER S K，2013. Sustainable Proactivity in the Workplace［Z］.

SULTAN M，et al，2016. A Text Mining Analysis of Academic Libraries' Tweets［J］. Journal of Academic Librarianship，42（2）：135-143.

SUN S H，et al，2015. Are Proactive Personalities Always Beneficial? Political Skill as a Moderator［J］. Journal of Applied Psychology，100（3）：966-975.

THARENOU，1997. How do you Explain Advancement in Management：An Integration［Z］.

THOMPSON J A，2005. Proactive Personality and Job Performance：A Social Capital Perspective［J］. The Journal of Applied Psychology，（90）：1011-1017.

UMA M M，2017. Text Mining：Survey on Techniques and Applications［J］. International Journal of Science & Research，6（6）：38–45.

VENKATARAMAN S，1997. The Distinctive Domain of Entrepreneurship Research：An Editor's Perspective. in Katz，J. and Brockhaus，R.（Eds），Advances in Entrepreneurship，Firm Emergence，and Growth，Jai Press，Greenwich，CT，(3)：119–38.

VAN BUUL J D，et al，2002. Migration of Human Hematopoietic Progenitor Cells Across Bone Marrow Endothelium is Regulated by Vascular Endothelial Cadherin［J］. The Journal of Immunology，168（2）：588–596.

VILLASENOR J，CAPILLA P，RODRIGO MA，et al，2013. Operation of a Horizontal Subsurface Flow Constructed Wetland——Microbial Fuel Cell Treating Wastewater Under Different Organic Loading Rates［J］. Water research，47（17）：6731-6738.

WILLIAMS F E，1967. Intellectual Creativity and the Teacher［J］. The Journal of Creative Behavior，1（2）：173–180.

WITTEN I H，DON K J，DEWSNIP M，et al，2004. Text Mining in a Digital Library［J］. International Journal on Digital Libraries，4(1)：56–59.

WOODMAN R W，SAWYER J E，GRIFFIFIN R W，1993. Toward a Theory of Organizational Creativity［J］. Academy of Management Review，(18)：293–332.

WU M，JEN T H，TAM H P，2016. Educational Measurement for Applied Researchers［J］. Springer Singapore.

XU F，CAO F Q，KONG Q，et al，2018. Electricity Production and Evolution of Microbial Community in the Constructed Wetland-microbial Fuel Cell［J］. Chemical Engineering Journal，(339)：479–486.

XING D F，ZUO Y，CHENG S，et al，2008. Electricity Generation by Rhodopseudomonas Palustris DX-1［J］. Environmental Science & Technology，42

(11): 4146–4151.

YUAN S J, HE H, SHENG L G P, et al, 2013. A Photometric High-throughput Method for Identification of Electrochemically Active Bacteria Using a WO3 Nanocluster Probe [J] . Scientific Reports, (3): 1–7.

YIN Z, JIAN H, 2016. Recent Advances on SVM Based Fault Diagnosis and Process Monitoring in Complicated Industrial Processes [J] . Neurocomputing, (174): 643–650.

ZAEEM R N, MANOHARAN M, YANG Y, et al, 2017. Modeling and Analysis of Identity Threat Behaviors Through Text Mining of Ddentity Theft Stories [J] . Computers & Security, 65 (11): 50–63.

ZHU F, PATUMCHAROENPOL P, ZHANG C, YANG Y, et al, 2013. Biomedical Text Mining and its Applications in Cancer Research [J] . Journal of Biomedical Informatics, 46 (2): 200–211.

ZHAO Y, SEAN C, MARK P, et al, 2013. Preliminary Investigation of Constructed Wetland Incorporating Microbial Fuel Cell: Batch and Continuous Flow Trials [J] . Chemical Engineering Journal, 229 (229): 364–370.

ZUO Y, XING D F, REGAN J M, et al, 2008. Isolation of the Exoelectrogenic Bacterium Ochrobactrum Anthropi YZ-1 by Using a U-tube Microbial Fuel Cell [J] . Applied and Environmental Microbiology, 74 (10): 3130–3137.